SPÉCIMENS

DES

CARACTÈRES

CHARTRES

IMPRIMERIE DURAND

RUE FULBERT

1893

SPÉCIMENS

DES

CARACTÈRES

CHARTRES

IMPRIMERIE DURAND

RUE FULBERT

———

1893

TYPES FRANÇAIS

Qui pourrait rendre raison de la fortune de certains mots, et de la proscription de plusieurs autres ? *Ains* a péri : la voyelle qui le commence, et si propre pour l'élision, n'a pu le sauver ; il a cédé à un autre monosyllabe, et qui n'est au plus que son anagramme. *Certes* est beau dans sa vieillesse, et a encore de la force sur son déclin : la poésie le réclame, et notre langue doit beaucoup aux écrivains qui le disent en prose, et qui se commettent pour lui dans leurs ouvrages. *Maint* est un mot qu'on ne devait jamais abandonner, et par la facilité qu'il y avait à le couler dans le style, et par son origine, qui est française. *Moult*, quoique latin, était dans son temps d'un même mérite ; et je ne vois pas par où *beaucoup* l'emporte sur lui. Quelle persécution le *car* n'a-t-il pas essuyée ! et s'il n'eût trouvé de la protection parmi les gens polis, n'était-il pas banni honteusement d'une langue à qui il a rendu de si longs services, sans qu'on sût quel mot lui substituer ? *Cil* a été dans ses beaux jours le plus joli mot de la langue française, et il est douloureux pour les poètes qu'il ait

vieilli. *Douloureux* ne vient pas plus naturellement de *douleur*, que de *chaleur* vient *chaleureux* ou *chaloureux ;* celui-ci se passe, bien que ce fût une richesse pour la langue, et qu'il se dise fort juste où *chaud* ne s'emploie qu'improprement. *Valeur* devait aussi nous conserver *valeureux ; haine, haineux ; peine, peineux ; fruit, fructueux ; pitié, piteux ; joie, jovial ; foi, féal ; cour, courtois ; gîte, gisant ; haleine, haléné ; vanterie, vantard ; mensonge, mensonger ; coutume, coutumier :* comme *part* maintient *partial ; point, pointu* et *pointilleux ; ton, tonnant ; son, sonore ; frein, effréné ; front, effronté ; ris, ridicule ; loi, loyal ; cœur, cordial ; bien, bénin ; mal, malicieux. Heur* se plaçait où *bonheur* ne saurait entrer ; il a fait *heureux*, qui est français, et il a cessé de l'être : si quelques poètes s'en sont servis, c'est moins par choix que par la contrainte de la mesure. *Issue* prospère, et vient d'*issir* qui est aboli. *Fin* subsiste sans conséquence pour *finer*, qui vient de lui, pendant que *cesse* et *cesser* règnent également. *Verd* ne fait plus *verdoyer ;* ni *fête,*

fétoyer ; ni *larme, larmoyer ;* ni *deuil, se douloir, se condouloir ;* ni *joie, s'éjouir,* bien qu'il fasse toujours *se réjouir, se conjouir ;* ainsi qu'*orgueil, s'enorgueillir.* On a dit *gent,* le corps *gent :* ce mot si facile non seulement est tombé, l'on voit même qu'il a entraîné *gentil* dans sa chute. On dit *diffamé,* qui dérive de *fâme,* qui ne s'entend plus. On dit *curieux,* dérivé de *cure,* qui est hors d'usage. Il y avait à gagner de dire *si que* pour *de sorte que,* ou *de manière que ; de mais,* au lieu de *pour moi* où de *quant à moi ;* de dire, *je sais que c'est qu'un mal,* plutôt que *je sais ce que c'est qu'un mal,* soit par l'analogie latine, soit par l'avantage qu'il y a souvent à avoir un mot de moins à placer dans l'oraison. L'usage a préféré *par conséquent* à *par conséquence,* et *en conséquence* à *en conséquent ; façons de faire* à *manières de faire,* et *manières d'agir* à *façons d'agir...* dans les verbes, *travailler* à *ouvrer, être accoutumé* à *souloir, convenir* à *duire, faire du bruit* à *bruire, injurier* à *vilainer, piquer* à *poindre, faire ressouvenir* à *ramentevoir...*

et dans les noms, *pensées* à *pensers,* un si beau mot, et dont le vers se trouve si bien ; *grandes actions* à *prouesses, louanges* à *loz, méchanceté* à *mauvaistié, porte* à *huis, navire* à *nef, armée* à *ost, monastère* à *moustier, prairies* à *prées...* tous mots qui pouvaient durer ensemble d'une égale beauté, et rendre une langue plus abondante. L'usage a, par l'addition, la suppression, le changement ou le dérangement de quelques lettres, fait *frelater* de *fralater, prouver* de *preuver, profit* de *prouflt, froment* de *frournent, profil* de *pourfil, provision* de *pourveoir, promener* de *pourmener,* et *promenade* de *pourmenade.* Le même usage fait, selon l'occasion, d'*habile,* d'*utile,* de *facile,* de *docile,* de *mobile,* et de *fertile,* sans y rien changer, des genres différents : au contraire de *vil, vile, subtil, subtile,* selon leur terminaison, masculins ou féminins. Il a altéré les terminaisons anciennes : de *scel* il a fait *sceau ;* de *mantel, manteau ;* de *capel, chapeau ;* de *coutel, couteau ;* de *hamel, hameau ;* de *damoisel, damoiseau ;* de *jouvencel, jouvenceau ;* et

Qui pourrait rendre raison de la fortune de certains mots, et de la proscription de quelques autres ? *Ains* a péri : la voyelle qui le commence, et si propre à l'élision, n'a pu le sauver ; il a cédé à un autre monosyllabe, et qui est au plus son anagramme. *Certes* est beau dans sa vieillesse, et a encore de la force sur son déclin : la poésie le réclame, et notre langue doit beaucoup aux écrivains qui le disent en prose, et qui se commettent pour lui dans leurs ouvrages. *Maint* est un mot qu'on ne devait jamais abandonner, et par la facilité qu'il y avait à le couler dans le style, et par son origine, qui est française. *Moult*, quoique latin, était dans son temps d'un même mérite ; et je ne vois pas par où *beaucoup* l'emporte sur lui. Quelle persécution le *car* n'a-

t-il pas essuyée ! et s'il n'eût trouvé de la protection parmi les gens polis, n'était-il pas banni honteusement d'une langue à qui il a rendu de si longs services, sans qu'on sût quel mot lui substituer ? *Cil* a été dans ses beaux jours le plus joli mot de la langue française, et il est douloureux pour les poètes qu'il ait vieilli. *Douloureux* ne vient pas plus naturellement de *douleur* que de *chaleur* vient *chaleureux* ou *chalou-reux ;* celui-ci se passe, bien que ce fût une richesse pour la langue, et qu'il se dise fort juste où *chaud* ne s'emploie qu'improprement. *Valeur* devait aussi nous conserver *valeureux ;* haine, *haineux ;* peine, *peineux ; fruit, fructueux ; pitié, piteux ; joie, jovial ; foi, féal ; cour, courtois ; gîte, gisant ; haleine, haléné ; vanterie, vantard ; mensonge,*

mensonger ; coutume, coutumier : comme *part* maintient *partial ; point, pointu* et *pointilleux ; ton, tonnant ; son, sonore ; frein, effréné ; front, ef-fronté ; ris, ridicule ; loi, loyal ; cœur, cordial ; bien, bénin ; mal, malicieux. Heur* se plaçait où *bonheur* ne saurait entrer ; il a fait *heureux,* qui est si français, et il a cessé de l'être : si quelques poètes s'en sont servis, c'est moins par choix que par la contrainte de la mesure. *Issue* prospère, et vient d'*issir,* qui est aboli. *Fin* subsiste sans conséquence pour *finer,* qui vient de lui, pendant que *cesse* et *cesser* règnent également. *Verd* ne fait plus *verdoyer ;* ni *fête, fétoyer ;* ni *larme, larmoyer ;* ni *deuil, se douloir, se condouloir ;* ni *joie, s'éjouir,* bien qu'il fasse toujours *se réjouir, se conjouir ;* ainsi qu'*orgueil, s'enorgueillir.* On a

dit *gent,* le corps *gent :* ce mot si facile non seulement est tombé, l'on voit même qu'il a entraîné *gentil* dans sa chute. On dit *diffamé,* qui dérive de *fâme,* qui ne s'entend plus. On dit *curieux* dérivé de *cure,* qui est hors d'usage. Il y avait à gagner de dire *si que* pour *de sorte que,* ou *de manière que ; de moi,* au lieu de *pour moi* ou de *quant à moi ;* de dire *je sais que c'est qu'un mal,* plutôt que *je sais ce que c'est qu'un mal,* soit par l'analogie latine, soit par l'avantage qu'il y a souvent à avoir un mot de moins à placer dans l'oraison. L'usage a préféré *par conséquent* à *par conséquence,* et *en conséquence* à *en conséquent ; façons de faire* à *manières de faire,* et *manières d'agir* à *façons d'agir...* dans les verbes, *travailler* à *ouvrer, être accoutumé* à *souloir, convenir*

Qui pourrait rendre raison de la fortune de certains mots, et de la proscription de quelques autres ? *Ains* a péri : la voyelle qui le commence, et si propre pour l'élision, n'a pu le sauver ; il a cédé à un autre monosyllabe, et qui n'est au plus que son anagramme. *Certes* est beau dans sa vieillesse, et a encore de la force dans son déclin : la poésie le réclame, et notre langue doit beaucoup aux écrivains qui le disent en prose, et qui se commettent pour lui dans leurs ouvrages. *Maint* est un mot qu'on ne devait jamais abandonner, et par la facilité qu'il y avait à le couler dans le style, et par son origine, qui est française. *Moult*,

qui est latin, était dans son temps d'un même mérite ; et je ne vois pas par où *beaucoup* l'emporte sur lui. Quelle persécution le *car* n'a-t-il pas essuyée ! et s'il n'eût trouvé de la protection parmi les gens polis, n'était-il pas banni honteusement d'une langue à qui il a rendu de si longs services, sans qu'on sût quel mot lui substituer ? *Cil* a été dans ses beaux jours le plus joli mot de la langue française, et il est douloureux pour les poètes qu'il ait vieilli. *Douloureux* ne vient pas plus naturellement de *douleur*, que de *chaleur* vient *chaleureux* ou *chaloureux* ; celui-ci se passe, bien que ce fût une richesse pour la langue, et qu'il se

dise fort juste où *chaud* ne s'emploie qu'improprement. *Valeur* devait aussi nous conserver *valeureux ; haine, haineux ; peine, peineux ; fruit, fructueux ; pitié, piteux ; joie, jovial ; foi, féal ; cour, courtois ; gîte, gisant ; haleine, haléné ; vanterie, vantard ; mensonge, mensonger ; coutume, coutumier :* comme *part* maintient *partial ; point, pointu* et *pointilleux ; ton, tonnant ; son, sonore ; frein, effréné ; front, effronté ; ris, ridicule ; loi, loyal ; cœur, cordial ; bien, bénin ; mal, malicieux. Heur* se plaçait où *bonheur* ne saurait entrer ; il a fait *heureux,* qui est si français, et il a cessé de l'être : si quelques poètes s'en sont servis, c'est moins par choix

que par la contrainte de la mesure. *Issue* prospère, et vient d'*issir*, qui est aboli. *Fin* subsiste sans conséquence pour *finer*, qui vient de lui, pendant que *cesse* et *cesser* règnent également. *Verd* ne fait plus *verdoyer* ; ni *fête, fêtoyer* ; ni *larme, larmoyer* ; ni *deuil, se douloir, se condouloir* ; ni *joie, s'éjouir*, bien qu'il fasse toujours *se réjouir, se conjouir* ; ainsi qu'*orgueil, s'enorgueillir*. On a dit *gent*, le corps *gent* : ce mot si facile non seulement est tombé, l'on voit même qu'il a entraîné *gentil* dans sa chute. On dit *diffamé*, qui dérive de *fâme*, qui ne s'entend plus. On dit *curieux*, dérivé de *cure*, qui est hors d'usage. Il y avait à gagner

Qui pourrait rendre raison de la fortune de certains mots, et de la proscription de quelques autres ? *Ains* a péri : la voyelle qui le commence, et si propre pour l'élision, n'a pu le sauver ; il a cédé à un autre monosyllabe, et qui n'est au plus que son anagramme. *Certes* est beau dans sa vieillesse, et a encore de la force sur son déclin : la poésie le réclame, et notre langue doit beaucoup aux écrivains qui le disent en prose, et qui se commettent pour lui dans leurs ouvrages. *Maint* est un mot qu'on ne devait jamais abandonner, et par la facilité qu'il y avait à le couler dans le style, et par son origine, qui est française. *Moult,*

quoique latin, était dans son temps d'un même mérite ; et je ne vois pas par où *beaucoup* l'emporte sur lui. Quelle persécution le *car* n'a-t-il pas essuyée ! et s'il n'eût trouvé de la protection parmi les gens polis, n'était-il pas banni honteusement d'une langue à qui il a rendu de si longs services, sans qu'on sût quel mot lui substituer ? *Cil* a été dans ses beaux jours le plus joli mot de la langue française, et il est douloureux pour les poètes qu'il ait vieilli. *Douloureux* ne vient pas plus naturellement de *douleur,* que de *chaleur* vient *chaleureux* ou *chaloureux ;* celui-ci se passe, bien que ce fût une richesse pour la langue, et qu'il se dise

fort juste où *chaud* ne s'emploie qu'improprement. *Valeur* devait aussi nous conserver *valeureux ; haine, haineux ; peine, peineux ; fruit, fructueux ; pitié, piteux ; joie, jovial ; foi, féal ; cour, courtois ; gîte, gisant ; haleine, halené ; vanterie, vantard ; mensonge, mensonger ; coutume, coutumier :* comme *part* maintient *partial ; point, pointu* et *pointilleux ; ton, tonnant ; son, sonore ; frein, effréné ; front, effronté ; ris, ridicule ; loi, loyal ; cœur, cordial ; bien, bénin ; mal, malicieux. Heur* se plaçait où *bonheur* ne saurait entrer ; il a fait *heureux,* qui est si français, et il a cessé de l'être : si quelques poètes s'en sont servis, c'est moins

par choix que par la contrainte de la mesure. *Issue* prospère, et vient d'*issir,* qui est aboli. *Fin* subsiste sans conséquence pour *finer,* qui vient de lui, pendant que *cesse* et *cesser* règnent également. *Verd* ne fait plus *verdoyer ;* ni *fête, fêtoyer ;* ni *larme, larmoyer ;* ni *deuil, se douloir, se condouloir ;* ni *joie, s'éjouir,* bien qu'il fasse toujours *se réjouir, se conjouir ;* ainsi qu'*orgueil, s'enorgueillir.* On a dit *gent,* le corps *gent :* ce mot si facile non seulement est tombé, l'on voit même qu'il a entraîné *gentil* dans sa chute. On dit *diffamé,* qui dérive de *fâme,* qui ne s'entend plus. On dit *curieux,* dérivé de *cure,* qui est hors d'usage. Il y avait à

Qui pourrait rendre raison de la fortune de certains mots, et de la proscription de quelques autres ? *Ains* a péri : la voyelle qui le commence, et si propre pour l'élision, n'a pu le sauver ; il a cédé à un autre monosyllabe, et qui n'est au plus que son anagramme. *Certes* est beau dans sa vieillesse, et a encore de la force sur son déclin : la poésie le réclame, et notre langue doit beaucoup aux écrivains qui le disent en prose, et qui se commettent pour lui dans leurs ouvrages. *Maint* est un mot qu'on ne devait jamais aban-

donner, et par la facilité qu'il y avait à le couler dans le style, et par son origine, qui est française. *Moult*, quoique latin, était dans son temps d'un même mérite ; et je ne vois pas par où *beaucoup* l'emporte sur lui. Quelle persécution le *car* n'a-t-il pas essuyée ! et s'il n'eût trouvé de la protection parmi les gens polis, n'était-il pas banni honteusement d'une langue à qui il a rendu de si longs services, sans qu'on sût quel mot lui substituer ? *Cil* a été dans ses beaux jours le plus joli mot de la langue française, et il est

douloureux pour les poètes qu'il ait vieilli. *Douloureux* ne vient pas plus naturellement de *douleur*, que de *chaleur* vient *chaleureux* ou *chaloureux;* celui-ci se passe, bien que ce fût une richesse pour la langue, et qu'il se dise fort juste où *chaud* ne s'emploie qu'improprement. *Valeur* devait aussi nous conserver *valeureux; haine, haineux; peine, peineux; fruit, fructueux; pitié, piteux; joie, jovial; foi, féal; cour, courtois; gîte, gisant; haleine, halené; vanterie, vantard; mensonge, mensonger; coutume, coutu-*

mier; comme *part* maintient *partial; point, pointu* et *pointilleux; ton, tonnant; son, sonore; frein, effréné; front, effronté; ris, ridicule; loi, loyal; cœur, cordial; bien, bénin; mal, malicieux. Heur* se plaçait où *bonheur* ne saurait entrer; il a fait *heureux*, qui est si français, et il a cessé de l'être : si quelques poètes s'en sont servis, c'est moins par choix que par la contrainte de la mesure. *Issue* prospère, et vient d'*issir*, qui est aboli. *Fin* subsiste sans conséquence pour *finer*, qui vient de lui, pendant que *cesse* et

Qui pourrait rendre raison de la fortune de certains mots, et de la proscription de quelques autres ? *Ains* a péri : la voyelle qui le commence, et si propre pour l'élision, n'a pu le sauver ; il a cédé à un autre monosyllabe, et qui n'est au plus que son anagramme. *Certes* est beau dans sa vieillesse, et a encore de la force sur son déclin : la poésie le réclame, et notre langue doit beaucoup aux écrivains qui le disent en prose, et qui

se commettent pour lui dans leurs ouvrages. *Maint* est un mot qu'on ne devait jamais abandonner, et par la facilité qu'il y avait à le couler dans le style, et par son origine, qui est française. *Moult,* quoique latin, était dans son temps d'un même mérite ; et je ne vois pas par où *beaucoup* l'emporte sur lui. Quelle persécution le *car* n'a-t-il pas essuyée ! et s'il n'eût trouvé de la protection parmi les gens polis, n'était-il pas banni

honteusement d'une langue à qui il a rendu de si longs services, sans qu'on sût quel mot lui substituer ? *Cil* a été dans ses beaux jours le plus joli mot de la langue française, et il est douloureux pour les poètes qu'il ait vieilli. *Douloureux* ne vient pas plus naturellement de *douleur,* que de *chaleur* vient *chaleureux* ou *chaloureux ;* celui-ci se passe, bien que ce fût une richesse pour la langue, et qu'il se dise fort juste où *chaud* ne s'emploie

qu'improprement. *Valeur* devait aussi nous conserver *valeureux ; haine, haineux ; peine, peineux ; fruit, fructueux ; pitié, piteux ; joie, jovial ; foi, féal ; cour, courtois ; gîte, gisant ; haleine, halené ; vanterie, vantard ; mensonge, mensonger ; coutume, coutumier ;* comme *part* maintient *partial ; point, pointu* et *pointilleux ; ton, tonnant ; son, sonore ; frein, effréné ; front, effronté ; ris, ridicule ; loi, loyal ; cœur, cordial ; bien,*

Qui pourrait rendre raison de la fortune de certains mots, et de la proscription de quelques autres ? *Ains* a péri : la voyelle qui le commence, et si propre pour l'élision, n'a pu le sauver ; il a cédé à un autre monosyllabe, et qui n'est au plus que son anagramme. *Certes* est beau dans sa vieillesse, et a encore de la force sur son déclin : la poésie le réclame, et notre

langue doit beaucoup aux écrivains qui le disent en prose, et qui se commettent pour lui dans leurs ouvrages. *Maint* est un mot qu'on ne devait jamais abandonner, et par la facilité qu'il y avait à le couler dans le style, et par son origine, qui est française. *Moult*, quoique latin, était dans son temps d'un même mérite ; et je ne vois pas par où *beaucoup* l'emporte

sur lui. Quelle persécution le *car* n'a-t-il pas essuyée ! et s'il n'eût trouvé de la protection parmi les gens polis, n'était-il pas banni honteusement d'une langue à qui il a rendu de si longs services, sans qu'on sût quel mot lui substituer ? *Cil* a été dans ses beaux jours le plus joli mot de la langue française et il est douloureux pour les poètes qu'il ait vieilli. *Doulou-*

reux ne vient pas naturellement de *douleur*, que de *chaleur* vient *chaleureux* ou *chaloureux* ; celui-ci se passe, bien que ce fût une richesse pour la langue, et qu'il se dise fort juste où *chaud* ne s'emploie qu'improprement. *Valeur* devait aussi nous conserver *valeureux* ; *haine, haineux* ; *peine, peineux* ; *fruit, fructueux* ; *pitié, piteux* ; *joie, jovial* ; *foi, féal* ; *cour,*

2

Qui pourrait rendre raison de la fortune de certains mots, et de la proscription de quelques autres ? *Ains* a péri : la voyelle qui le commence, et si propre pour l'élision, n'a pu le sauver ; il a cédé à un autre monosyllabe, et qui n'est au plus que son anagramme. *Certes* est beau dans sa vieillesse, et a encore de la force sur son

déclin : la poésie le réclame, et notre langue doit beaucoup aux écrivains qui le disent en prose, et qui se commettent pour lui dans leurs ouvrages. *Maint* est un mot qu'on ne devait jamais abandonner, et par la facilité qu'il y avait à le couler dans le style, et par son origine, qui est française. *Moult,* quoique latin, était dans son

temps d'un même mérite ; et je ne vois pas par où *beaucoup* l'emporte sur lui. Quelle persécution le *car* n'a-t-il pas essuyée ! et s'il n'eût trouvé de la protection parmi les gens polis, n'était-il pas banni honteusement d'une langue à qui il a rendu de si longs services, sans qu'on sût quel mot lui substituer ? *Cil* a été dans ses

beaux jours le plus joli mot de la langue française, et il est douloureux pour les poètes qu'il ait vieilli. *Douloureux* ne vient pas plus naturellement de *douleur,* que de *chaleur* vient *chaleureux* ou *chaloureux ;* celui-ci se passe, bien que ce fût une richesse pour la langue, et qu'il se dise fort juste où *chaud* ne s'emploie qu'impro-

TYPES ANGLO-FRANÇAIS

Qui pourrait rendre raison de la fortune de certains mots, et de la proscription de plusieurs autres ? *Ains* a péri : la voyelle qui le commence, et si propre pour l'élision, n'a pu le sauver ; il a cédé à un autre monosyllabe, et qui n'est au plus que son anagramme. *Certes* est beau dans sa vieillesse, et a encore de la force sur son déclin : la poésie le réclame, et notre langue doit beaucoup aux écrivains qui le disent en prose, et qui se commettent pour lui dans leurs ouvrages. *Maint* est un mot qu'on ne devait jamais abandonner, et par la facilité qu'il y avait à le couler dans le style, et par son origine, qui est française. *Moult*, quoique latin, était dans son temps d'un même mérite; et je ne vois pas par où *beaucoup* l'emporte sur lui. Quelle persécu-

tion le *car* n'a-t-il pas essuyée ! et s'il n'eût trouvé de la protection parmi les gens polis, n'était-il pas banni honteusement d'une langue à qui il a rendu de si longs services, sans qu'on sût quel mot lui substituer ? *Cil* a été dans ses beaux jours le plus joli mot de la langue française, et il est douloureux pour les poètes qu'il ait vieilli. *Douloureux* ne vient pas plus naturellement de *douleur*, que de *chaleur* vient *chaleureux* ou *chaloureux;* celui-ci se passe, bien que ce fût une richesse pour la langue, et qu'il se dise fort juste où *chaud* ne s'emploie qu'improprement. *Valeur* devait aussi nous conserver *valeureux; haine, haineux; peine, peineux; fruit, fructueux; pitié, piteux; joie, jovial; foi, féal; cour, courtois; gite,*

gisant; haleine, haléné; vanterie, vantard; mensonge, mensonger; coutume, coutumier : comme *part* maintient *partial; point, pointu* et *pointilleux; ton, tonnant; son, sonore; frein, effréné; front, effronté; ris, ridicule; loi, loyal; cœur, cordial; bien, bénin; mal, malicieux. Heur* se plaçait où *bonheur* ne saurait entrer; il a fait *heureux,* qui est si français, et il a cessé de l'être : si quelques poètes s'en sont servis, c'est moins par choix que par la contrainte de la mesure. *Issue* prospère, et vient d'*issir* qui est aboli. *Fin* subsiste sans conséquence pour *finer,* qui vient de lui, pendant que *cesse* et *cesser* règnent également. *Verd* ne fait plus *verdoyer; ni fête, fétoyer; ni larme, larmoyer;* ni *deuil, se douloir, se condouloir;* ni *joie,*

s'éjouir, bien qu'il fasse toujours *se réjouir, se conjouir;* ainsi qu'*orgueil, s'enorgueillir.* On a dit *gent,* le corps *gent :* ce mot si facile non seulement est tombé, l'on voit même qu'il a entraîné *gentil* dans sa chute. On dit *diffamé,* qui dérive de *fâme,* qui ne s'entend plus. On dit *curieux,* dérivé de *cure,* qui est hors d'usage. Il y avait à gagner de dire *si que* pour *de sorte que,* ou *de manière que; de moi,* au lieu de *pour moi* ou de *quant à moi; de* dire, *je sais que c'est qu'un mal,* plutôt que *je sais ce que c'est qu'un mal,* soit par l'analogie latine, soit par l'avantage qu'il y a souvent à avoir un mot de moins à placer dans l'oraison. L'usage a préféré *par conséquent* à *par conséquence,* et *en conséquence* à *en conséquent; façons de*

Qui pourrait rendre raison de la fortune de certains mots, et de la proscription de quelques autres ? *Ains* a péri : la voyelle qui le commence, et si propre pour l'élision, n'a pu le sauver ; il a cédé à un autre monosyllabe, et qui n'est au plus que son anagramme. *Certes* est beau dans sa vieillesse, et a encore de la force sur son déclin : la poésie le réclame, et notre langue doit beaucoup aux écrivains qui le disent en prose, et qui se commettent pour lui dans leurs ouvrages. *Maint* est un mot qu'on ne devait jamais abandonner, et par la facilité qu'il y avait à le couler dans le style, et par son origine, qui est toute française. *Moult,* quoi-

que latin, était dans son temps d'un même mérite ; et je ne vois pas par où *beaucoup* l'emporte sur lui. Quelle persécution le *car* n'a-t-il pas essuyée ! et s'il n'eût trouvé de la protection parmi les gens polis, n'était-il pas banni honteusement d'une langue à qui il a rendu de si longs services, sans qu'on sût quel mot lui substituer ? *Cil* a été dans ses beaux jours le plus joli mot de la langue française, et il est douloureux pour les poètes qu'il ait vieilli. *Douloureux* ne vient pas plus naturellement de *douleur,* que de *chaleur* vient *chaleureux* ou *chaloureux;* celui-ci se passe, bien que ce fût une richesse pour la langue, et qu'il se dise fort

juste où *chaud* ne s'emploie qu'improprement. *Valeur* devait aussi nous conserver *valeureux; haine, haineux; peine, peineux; fruit, fructueux; pitié, piteux; joie, jovial; foi, féal; cour, courtois; gîte, gisant; haleine, haléné; vanterie, vantard; mensonge, mensonger; coutume, coutumier :* comme *part* maintient *partial; point, pointu* et *pointilleux; ton, tonnant; son, sonore; frein, effréné; front, effronté; ris, ridicule; loi, loyal; cœur, cordial; bien, bénin; mal, malicieux. Heur* se plaçait où *bonheur* ne saurait entrer ; il a fait *heureux,* qui est si français, et il a cessé de l'être : si quelques poètes s'en sont servis, c'est moins par

choix, que par la contrainte de la mesure. *Issue* prospère, et vient d'*issir,* qui est aboli. *Fin* subsiste sans conséquence pour *finer,* qui vient de lui, pendant que *cesse* et *cesser* règnent également. *Verd* ne fait plus *verdoyer;* ni *fête, fétoyer;* ni *larme, larmoyer;* ni *deuil, se douloir, se condouloir;* ni *joie, s'éjouir,* bien qu'il fasse toujours *se réjouir, se conjouir;* ainsi qu'*orgueil, s'enorgueillir.* On a dit *gent,* le corps *gent :* ce mot si facile non seulement est tombé, l'on voit même qu'il a entraîné *gentil* dans sa chute. On dit *diffamé,* qui dérive de *fâme,* qui ne s'entend plus. On dit *curieux,* dérivé de *cure,* qui est hors d'usage. Il y

Qui pourrait rendre raison de la fortune de certains mots, et de la proscription de quelques autres ? *Ains* a péri : la voyelle qui le commence, et si propre pour l'élision, n'a pu le sauver ; il a cédé à un autre monosyllabe, et qui n'est au plus que son anagramme. *Certes* est beau dans sa vieillesse, et a encore de la force sur son déclin : la poésie le réclame, et notre langue doit beaucoup aux écrivains qui le disent en prose, et qui se commettent

pour lui dans leurs ouvrages. *Maint* est un mot qu'on ne devait jamais abandonner, et par la facilité qu'il y avait à le couler dans le style, et par son origine, qui est française. *Moult*, quoique latin, était dans son temps d'un même mérite : et je ne vois pas par où *beaucoup* l'emporte sur lui. Quelle persécution le *car* n'a-t-il pas essuyée ! et s'il n'eût trouvé de la protection parmi les gens polis, n'était-il pas banni honteusement d'une langue à qui il a

rendu de si longs services, sans qu'on sût quel mot lui substituer ? *Cil* a été dans ses beaux jours le plus joli mot de la langue française, et il est douloureux pour les poètes qu'il ait vieilli. *Douloureux* ne vient pas plus naturellement de *douleur,* que de *chaleur* vient *chaleureux* ou *chaloureux ;* celui-ci se passe, bien que ce fût une richesse pour la langue, et qu'il se dise fort juste où *chaud* ne s'emploie qu'improprement. *Valeur* devait aussi

nous conserver *valeureux ; haine, haineux ; peine, peineux ; fruit, fructueux ; pitié, piteux ; joie, jovial ; foi, féal ; cour, courtois ; gîte, gisant ; haleine, halêné ; vanterie, vantard ; mensonge, mensonger ; coutume, coutumier ;* comme *part* maintient *partial ; point, pointu* et *pointilleux ; ton, tonnant ; son, sonore ; frein, effréné ; front, effronté ; ris, ridicule ; loi, loyal ; cœur, cordial ; bien, bénin ; mal, malicieux. Heur* se plaçait où *bon-*

Qui pourrait rendre raison de la fortune de certains mots, et de la proscription de quelques autres? *Ains* a péri : la voyelle qui le commence, et si propre pour l'élision, n'a pu le sauver ; il a cédé à un autre monosyllabe, et qui n'est au plus que son anagramme. *Certes* est beau dans sa vieillesse, et a encore de la force sur son déclin : la poésie le réclame, et notre langue doit

beaucoup aux écrivains qui le disent en prose, et qui se commettent pour lui dans leurs ouvrages. *Maint* est un mot qu'on ne devait jamais abandonner, et par la facilité qu'il y avait à le couler dans le style, et par son origine, qui est française. *Moult,* quoique latin, était dans son temps d'un même mérite ; et je ne vois pas par où *beaucoup* l'emporte sur lui. Quelle persécution

le *car* n'a-t-il pas essuyée ! et s'il n'eût trouvé de la protection parmi les gens polis, n'était-il pas banni honteusement d'une langue à qui il a rendu de si longs services, sans qu'on sût quel mot lui substituer? *Cil* a été dans ses beaux jours le plus joli mot de la langue française, et il est douloureux pour les poètes qu'il ait vieilli. *Douloureux* ne vient pas plus naturellement de

douleur, que de *chaleur* vient *chaleureux* ou *chaloureux ;* celui-ci se passe, bien que ce fût une richesse pour la langue, et qu'il se dise fort juste où *chaud* ne s'emploie qu'improprement. *Valeur* devait aussi nous conserver *valeureux ; haine, haineux ; peine, peineux ; fruit, fructueux ; pitié, piteux ; joie, jovial ; foi, féal ; cour, courtois ; gîte, gisant ; haleine, halené ; vanterie,*

TYPES DIDOT MODERNE

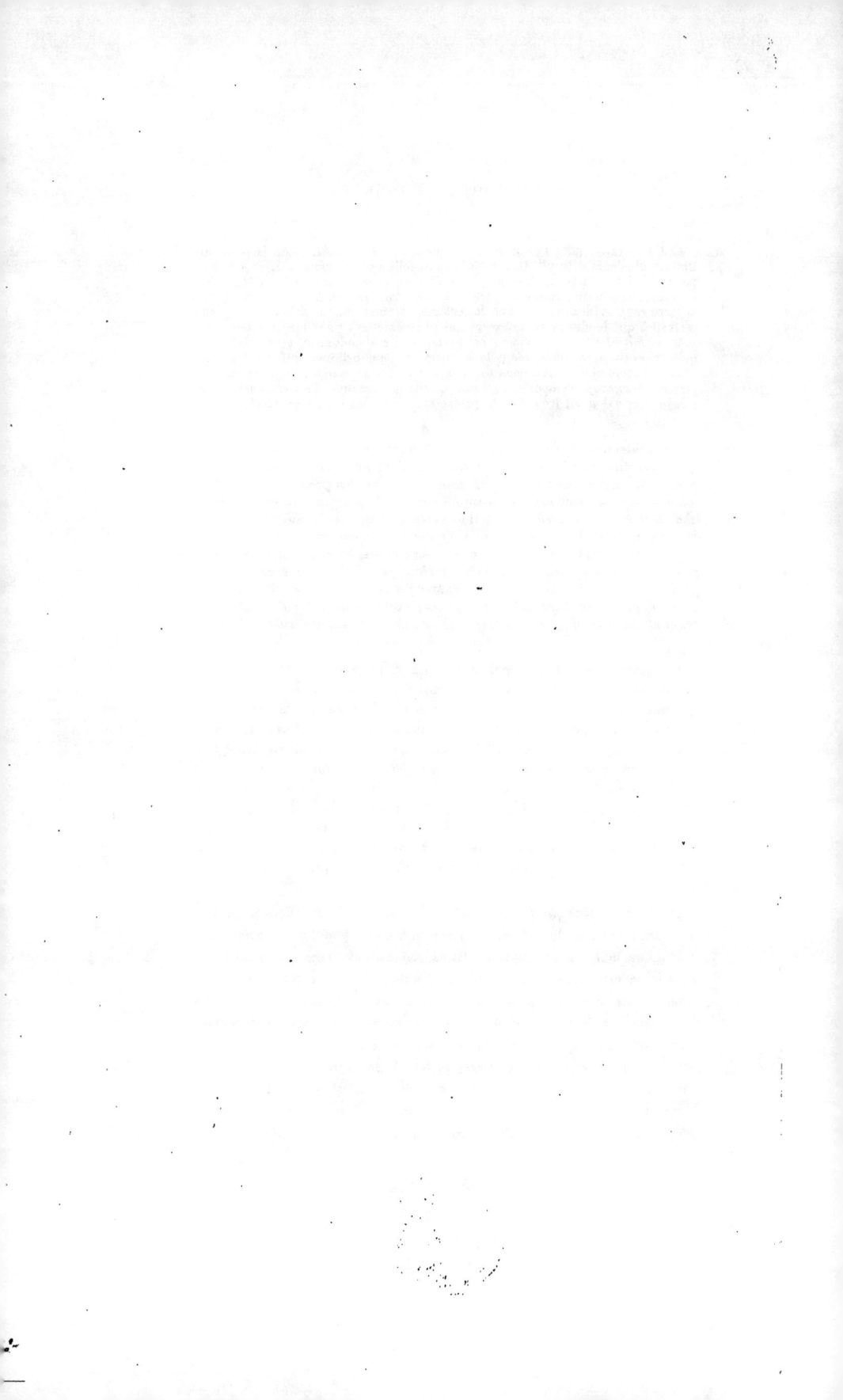

Qui pourrait rendre raison de la fortune de certains mots, et de la proscription de plusieurs autres? *Ains* a péri : la voyelle qui le commence, et si propre pour l'élision, n'a pu le sauver : il a cédé à un autre monosyllabe, et qui n'est au plus que son anagramme. *Certes* est beau dans sa vieillesse, et a encore de la force sur son déclin : la poésie le réclame, et notre langue doit beaucoup aux écrivains qui le disent en prose, et qui se commettent pour lui dans leurs ouvrages. *Maint* est un mot qu'on ne devait jamais abandonner, et par la facilité qu'il y avait à le couler dans le style, et par son origine, qui est française. *Moult*, quoique latin, était dans son temps d'un même mérite ; et je ne vois pas par où *beaucoup* l'emporte sur lui. Quelle persécution le *car* n'a-t-il pas essuyée ! et s'il n'eût trouvé de la protection parmi les gens polis, n'était-il pas

banni honteusement d'une langue à qui il a rendu de si longs services, sans qu'on sût quel mot lui substituer ? *Cil* a été dans ses beaux jours le plus joli mot de la langue française, et il est douloureux pour les poètes qu'il ait vieilli. *Douloureux* ne vient pas plus naturellement de *douleur*, que de *chaleur* vient *chaleureux* ou *chaloureux*; celui-ci se passe, bien que ce fût une richesse pour la langue, et qu'il se dise fort juste où *chaud* ne s'emploie qu'improprement. *Valeur* devait aussi nous conserver *valeureux; haine, haineux; peine, peineux; fruit, fructueux; pitié, piteux; joie, jovial; foi, féal; cour, courtois; gîte, gisant; haleine, haléné; vanterie, vantard; mensonge, mensonger; coutume, coutumier :* comme *part* maintient *partial; point, pointu* et *pointilleux; ton, tonnant; son, sonore; frein, effréné; front, effronté; ris, ridicule; loi, loyal;*

cœur, cordial; bien, bénin; mal, malicieux. Heur se plaçait où *bonheur* ne saurait entrer : il a fait *heureux*, qui est si français, et il a cessé de l'être : si quelques poètes s'en sont servis, c'est moins par choix que par la contrainte de la mesure. *Issue* prospère, et vient d'*issir* qui est aboli. *Fin* subsiste sans conséquence pour *finer*, qui vient de lui, pendant que *cesse* et *cesser* règnent également. *Verd* ne fait plus *verdoyer*; ni *fête, fétoyer*; ni *larme, larmoyer*; ni *deuil, se douloir, se condouloir*; ni *joie, s'éjouir*, bien qu'il fasse toujours *se réjouir, se conjouir*; ainsi qu'*orgueil, s'enorgueillir*. On a dit *gent*, le corps *gent* : ce mot si facile non seulement est tombé, l'on voit même qu'il a entraîné *gentil* dans sa chute. On dit *diffamé*, qui dérive de *fâme*, qui ne s'entend plus. On dit *curieux*, dérivé de *cure*, qui est hors d'usage. Il y avait à gagner de dire

si que pour *de sorte que*, ou *de manière que; de moi*, au lieu de *pour moi* ou de *quant à moi; de dire, je sais que c'est qu'un mal*, plutôt que *je sais ce que c'est qu'un mal*, soit par l'analogie latine, soit par l'avantage qu'il y a souvent à avoir un mot de moins à placer dans l'oraison. L'usage a préféré *par conséquent* à *par conséquence*, et *en conséquence* à *en conséquent; façons de faire* à *manières de faire*, et *manières d'agir* à *façons d'agir*... dans les verbes, *travailler* à *ouvrer, être accoutumé* à *souloir, convenir* à *duire, faire du bruit* à *bruire, injurier* à *vilainer, piquer* à *poindre, faire ressouvenir* à *ramentevoir*... et dans les noms, *pensées* à *pensers*, un si beau mot, et dont le vers se trouve si bien ; *grandes actions* à *prouesses, louanges* à *loz, méchanceté* à *mauvaistié, porte* à *huis, navire* à *nef, armée* à *ost, monastère* à *mous-*

3

Qui pourrait rendre raison de la fortune de certains mots, et de la
proscription de quelques autres ? *Ains* a péri : la voyelle qui le commence, et si propre pour l'élision, n'a pu le sauver ; il a cédé à un autre
monosyllabe et qui n'est au plus que son anagramme. *Certes* est beau
dans sa vieillesse, et a encore de la force sur son déclin : la poésie le réclame, et notre langue doit beaucoup aux écrivains qui le disent en prose,
et qui se commettent pour lui dans leurs ouvrages. *Maint* est un mot
qu'on ne devait jamais abandonner, et par la facilité qu'il y avait à le couler dans le style, et par son origine, qui est française. *Moult*, quoique
latin, était dans son temps d'un même mérite ; et je ne vois pas par où

beaucoup l'emporte sur lui. Quelle persécution le *car* n'a-t-il pas
essuyée ! et s'il n'eût trouvé de la protection parmi les gens polis, n'était-
il pas honteusement banni de la langue à qui il a rendu de si longs services, sans qu'on sût quel mot lui substituer ? *Cil* a été dans ses beaux
jours le plus joli mot de la langue française, et il est douloureux pour
les poètes qu'il ait vieilli. *Douloureux* ne vient pas plus naturellement de
douleur, que de *chaleur* vient *chaleureux* ou *chaloureux* ; celui-ci se
passe, bien que ce fût une richesse pour la langue, et qu'il se dise fort
juste où *chaud* ne s'emploie qu'improprement. *Valeur* devait aussi nous
conserver *valeureux ; haine, haineux ; peine, peineux ; fruit, fruc-*

tueux ; pitié, piteux ; joie, jovial ; foi, féal ; cour, courtois ; gîte,
gisant ; haleine, halené ; vanterie, vantard ; mensonge, mensonger ;
coutume, coutumier : comme *part* maintient *partial ; point, pointu*
et *pointilleux : ton, tonnant ; son, sonore ; frein, effréné ; front,*
effronté ; ris, ridicule ; loi, loyal ; cœur, cordial ; bien, bénin ; mal,
malicieux. Heur se plaçait où *bonheur* ne saurait entrer ; il a fait *heu-*
reux qui est si français, et il a cessé de l'être : si quelques poètes s'en
sont servis, c'est moins par choix que par la contrainte de la mesure.
Issue prospère, et vient d'*issir*, qui est aboli. *Fin* subsiste sans conséquence pour *finer*, qui vient de lui, pendant que *cesse* et *cesser* règnent

également. *Verd* ne fait plus *verdoyer* ; ni *fête, fétoyer* ; ni *larme,*
larmoyer ; ni *deuil, se douloir, se condouloir* ; ni *joie, s'éjouir,* bien
qu'il fasse toujours *se réjouir, se conjouir* ; ainsi qu'*orgueil, s'enor-*
gueillir. On a dit *gent,* le corps *gent :* ce mot si facile non seulement
est tombé, l'on voit même qu'il a entraîné *gentil* dans sa chute. On dit
diffamé, qui dérive de *fâme,* qui ne s'entend plus. On dit *curieux,*
dérivé de *cure,* qui est hors d'usage. Il y avait à gagner de dire *si que*
pour *de sorte que,* ou *de manière que ; de moi,* au lieu de *pour moi*
ou de *quant à moi ;* de dire, *je sais que c'est qu'un mal,* plutôt que
je sais ce que c'est qu'un mal, soit par l'analogie latine, soit par

Qui pourrait rendre raison de la fortune de certains mots, et de la proscription de quelques autres ? *Ains* a péri : la voyelle qui le commence, et si propre pour l'élision, n'a pu le sauver ; il a cédé à un autre monosyllabe, et qui n'est au plus que son anagramme. *Certes* est beau dans sa vieillesse, et a encore de la force sur son déclin : la poésie le réclame, et notre langue doit beaucoup aux écrivains qui le disent en prose, et qui se commettent pour lui dans leurs ouvrages. *Maint* est un mot qu'on ne devait jamais abandonner, et par la

facilité qu'il y avait à le couler dans le style, et par son origine, qui est française. *Moult*, quoique latin, était dans son temps d'un même mérite ; et je ne vois pas par où *beaucoup* l'emporte sur lui. Quelle persécution le *car* n'a-t-il pas essuyée ! et s'il n'eût trouvé de la protection parmi les gens polis, n'était-il pas banni honteusement d'une langue à qui il a rendu de si longs services, sans qu'on sût quel mot lui substituer ? *Cil* a été dans ses beaux jours le plus joli mot de la langue française, et il est douloureux pour les poètes qu'il ait vieilli.

Douloureux ne vient pas plus naturellement de *douleur*, que de *chaleur* vient *chaleureux* ou *chaloureux* ; celui-ci se passe, bien que ce fût une richesse pour la langue, et qu'il se dise fort juste où *chaud* ne s'emploie qu'improprement. *Valeur* devait aussi nous conserver *valeureux* ; *haine, haineux* ; *peine, peineux* ; *fruit, fructueux* ; *pitié, piteux* ; *joie, jovial* ; *foi, féal* ; *cour, courtois* ; *gîte, gisant* ; *haleine, halené* ; *vanterie, vantard* ; *mensonge, mensonger* ; *coutume, coutumier* ; comme *part* maintient *partial* ; *point, pointu* et *pointilleux* ; *ton, ton-*

nant ; *son, sonore* ; *frein, effréné* ; *front, effronté* ; *ris, ridicule* ; *loi, loyal* ; *cœur, cordial* ; *bien, bénin* ; *mal, malicieux*. *Heur* se plaçait où *bonheur* ne saurait entrer : il a fait *heureux*, qui est si français, et il a cessé de l'être : si quelques poètes s'en sont servis, c'est moins par choix que par la contrainte de la mesure. *Issue* prospère, et vient d'*issir*, qui est aboli. *Fin* subsiste sans conséquence pour *finer*, qui vient de lui, pendant que *cesse* et *cesser* règnent également. *Verd* ne fait plus *verdoyer* ; ni *fête, fétoyer* ; ni *larme, larmoyer* ; ni

Qui pourrait rendre raison de la fortune de certains mots, et de la proscription de quelques autres ? *Ains* a péri : la voyelle qui le commence, et si propre pour l'élision, n'a pu le sauver ; il a cédé à un autre monosyllabe, et qui n'est au plus que son anagramme. *Certes* est beau dans sa vieillesse, et a encore de la force sur son déclin : la poésie le réclame, et notre langue doit beaucoup aux écrivains qui le disent en prose, et qui se commettent

pour lui dans leurs ouvrages. *Maint* est un mot qu'on ne devait jamais abandonner, et par la facilité qu'il y avait à le couler dans le style, et par son origine, qui est française. *Moult*, quoique latin, était dans son temps d'un même mérite ; et je vois pas par où *beaucoup* l'emporte sur lui. Quelle persécution le *car* n'a-t-il pas essuyée ! et s'il n'eût trouvé de la protection parmi les gens polis, n'était-il pas banni honteusement d'une langue à qui il

a rendu de si longs services, sans qu'on sût quel mot lui substituer ? *Cil* a été dans ses beaux jours le plus joli mot de la langue française, et il est douloureux pour les poètes qu'il ait vieilli. *Douloureux* ne vient pas plus naturellement de *douleur*, que de *chaleur* vient *chaleureux* ou *chaloureux* ; celui-ci se passe, bien que ce fût une richesse pour la langue, et qu'il se dise fort juste où *chaud* ne s'emploie qu'improprement. *Valeur* devait aussi

aussi nous conserver *valeureux* ; *haine, haineux* ; *peine, peineux* ; *fruit, fructueux* ; *pitié, piteux* ; *joie, jovial* ; *foi, féal* ; *cour, courtois* ; *gîte, gisant* ; *haleine, halené* ; *vanterie, vantard* ; *mensonge, mensonger* ; *coutume, coutumier* ; comme *part* maintient *partial* ; *point, pointu* et *pointilleux* ; *ton, tonnant* ; *son, sonore* ; *frein, effréné* ; *front, effronté* ; *ris, ridicule* ; *loi, loyal* ; *cœur, cordial* ; *bien, bénin* ; *mal, malicieux*. *Heur* se plaçait où *bonheur*

Qui pourrait rendre raison de la fortune de certains mots, et de la proscription de quelques autres ? *Ains* a péri : la voyelle qui le commence, et si propre pour l'élision, n'a pu le sauver ; il a cédé à un autre monosyllabe, et qui n'est au plus que son anagramme. *Certes* est beau dans sa vieillesse, et a encore de la force sur son déclin : la poésie le réclame, et notre langue doit beaucoup aux écrivains

qui le disent en prose, et qui se commettent pour lui dans leurs ouvrages. *Maint* est un mot qu'on ne devait jamais abandonner, et par la facilité qu'il y avait à le couler dans le style, et par son origine, qui est française. *Moult*, quoique latin, était dans son temps d'un même mérite ; et je ne vois pas par où *beaucoup* l'emporte sur lui. Quelle persécution le *car* n'a-t-il pas essuyée ! et s'il n'eût trouvé de la protection

parmi les gens polis, n'était-il pas banni honteusement d'une langue à qui il a rendu de si longs services, sans qu'on sût quel mot lui substituer ? *Cil* a été dans ses beaux jours le plus joli mot de la langue française, et il est douloureux pour les poètes qu'il ait vieilli. *Douloureux* ne vient pas plus naturellement de *douleur*, que de *chaleur* vient *chaleureux* ou *chaloureux ;* celui-ci se passe, bien que ce fût une

richesse pour la langue, et qu'il se dise fort juste où *chaud* ne s'emploie qu'improprement. *Valeur* devait aussi nous conserver *valeureux ; haine, haineux ; peine, peineux ; fruit, fructueux ; pitié, piteux ; joie, jovial ; foi, féal ; cour, courtois ; gîte, gisant ; haleine, halené ; vanterie, vantard ; mensonge, mensonger ; coutume, coutumier ;* comme *part* maintient *partial ; point, pointu* et *pointilleux ; ton, tonnant ; son, sonore ; frein, effréné ;*

Qui pourrait rendre raison de la fortune de certains
mots, et de la proscription de quelques autres ? *Ains*
a péri : la voyelle qui le commence, et si propre pour
l'élision, n'a pu le sauver ; il a cédé à un autre monosyllabe, et qui n'est au plus que son anagramme. *Certes*
est beau dans sa vieillesse, et a encore de la force sur
son déclin : la poésie le réclame, et notre langue doit

beaucoup aux écrivains qui le disent en prose, et qui se
commettent pour lui dans leurs ouvrages. *Maint* est un
mot qu'on ne devait jamais abandonner, et par la facilité qu'il y avait à le couler dans le style, et par son
origine, qui est française. *Moult*, quoique latin, était
dans son temps d'un même mérite ; et je ne vois pas par
où *beaucoup* l'emporte sur lui. Quelle persécution le

car n'a-t-il pas essuyée ! et s'il n'eût trouvé de la protection parmi les gens polis, n'était-il pas banni honteusement d'une langue à qui il a rendu de si longs services,
sans qu'on sût quel mot lui substituer ? *Cil* a été dans
ses beaux jours le plus joli mot de la langue française,
et il est douloureux pour les poètes qu'il ait vieilli. *Dou-*
loureux ne vient pas plus naturellement de *douleur*, que

de *chaleur* vient *chaleureux* ou *chaloureux* ; celui-ci se
passe, bien que ce fût une richesse pour la langue, et
qu'il se dise fort juste où *chaud* ne s'emploie qu'improprement. *Valeur* devait aussi nous conserver *valeureux* ;
haine, haineux ; peine, peineux ; fruit, fructueux ; pitié,
piteux ; joie, jovial ; foi, féal ; cour, courtois ; gîte,
gisant ; haleine, halené ; vanterie, vantard ; mensonge,

Qui pourrait rendre raison de la fortune de certains mots et de la proscription de quelques autres? *Ains* a péri : la voyelle qui le commence, et si propre pour l'élision, n'a pu le sauver ; il a cédé à un autre monosyllabe, et qui n'est au plus que son anagramme. *Certes* est beau dans sa vieillesse, et a encore de la

force sur son déclin : la poésie le réclame, et notre langue doit beaucoup aux écrivains qui le disent en prose, et qui se commettent pour lui dans leurs ouvrages. *Maint* est un mot qu'on ne devait jamais abandonner, et par la facilité qu'il y avait à le couler dans le style, et par son origine, qui est française. *Moult,*

quoique latin, était dans son temps d'un même mérite ; et je ne vois pas par où *beaucoup* l'emporte sur lui. Quelle persécution le *car* n'a-t-il pas essuyée ! et s'il n'eût trouvé de la protection parmi les gens polis, n'était-il pas banni honteusement d'une langue à qui il a rendu de si longs services, sans qu'on sût

quel mot lui substituer? *Cil* a été dans ses beaux jours le plus joli mot de la langue française, et il est douloureux pour les poètes qu'il ait vieilli. *Douloureux* ne vient pas plus naturellement de *douleur,* que de *chaleur* vient *chaleureux* ou *chaloureux ;* celui-ci se passe, bien que ce fût une richesse pour la langue,

Qui pourrait rendre raison de la fortune de certains mots, et de la proscription de quelques autres ? *Ains* a péri : la voyelle qui le commence, et si propre pour l'élision, n'a pu le sauver ; il a cédé à un autre monosyllabe et qui n'est au plus que son anagramme. *Certes* est beau dans sa vieillesse, et a encore de la force sur son déclin : la poésie le réclame, et notre langue doit beaucoup aux écrivains qui le disent en prose, et qui se commettent pour lui dans leurs ouvrages. *Maint* est un mot qu'on ne devait jamais abandonner, et par la facilité qu'il y avait à le couler dans le style, et par son origine, qui est française. *Moult*, quoique latin, était dans son temps d'un même mérite ; et je ne vois pas par où *beaucoup* l'emporte sur lui. Quelle persécution le *car* n'a-t-il pas essuyée ! et s'il n'eût trouvé de la protection parmi les gens polis, n'était-il pas honteusement banni de la langue à qui il a rendu de si longs services, sans qu'on sût quel mot lui substituer ? *Cil* a été

TYPES DIDOT ANCIEN

Qui pourrait rendre raison de la fortune de certains mots, et de la proscription de plusieurs autres ? *Ains* a péri : la voyelle qui le commence, et si propre pour l'élision, n'a pu le sauver; il a cédé à un autre monosyllabe, et qui n'est au plus que son anagramme. *Certes* est beau dans sa vieillesse, et a encore de la force sur son déclin : la poésie le réclame, et notre langue doit beaucoup aux écrivains qui le disent en prose, et qui se commettent pour lui dans leurs ouvrages. *Maint* est un mot qu'on ne devait jamais abandonner, et par la facilité qu'il y avait à le couler dans le style, et par son origine, qui est française. *Moult*, quoique latin, était dans son temps d'un même mérite; et je ne vois pas par où *beaucoup* l'emporte sur lui. Quelle persécution le *car* n'a-t-il pas essuyée ! et s'il n'eût trouvé de la protection parmi les gens polis, n'était-il pas

banni honteusement d'une langue à qui il a rendu de si longs services, sans qu'on sût quel mot lui substituer ? *Cil* a été dans ses beaux jours le plus joli mot de la langue française, et il est douloureux pour les poètes qu'il ait vieilli. *Douloureux* ne vient pas plus naturellement de *douleur*, que de *chaleur* vient *chaleureux* ou *chalovreux* : celui-ci se passe, bien que ce fût une richesse pour la langue, et qu'il se dise fort juste où *chaud* ne s'emploie qu'improprement. *Valeur* devait aussi nous conserver *valeureux ; haine, haineux ; peine, peineux ; fruit, fructueux; pitié, piteux; joie, jovial; foi, féal; cour, courtois; gîte, gisant ; haleine, haléné; vanterie, vantard;* mensonge, mensonger ; coutume, coutumier : comme *part* maintient *partial ; point, pointu* et *pointilleux ; ton, tonnant ; son, sonore; frein, effréné; front, effronté; ris, ridicule; loi, loyal ;*

cœur, cordial ; bien, bénin; mal, malicieux. *Heur* se plaçait où *bonheur* ne saurait entrer; il a fait *heureux*, qui est si français, et il a cessé de l'être: si quelques poètes s'en sont servis, c'est moins par choix que par la contrainte de la mesure. *Issue* prospère, et vient d'*issir* qui est aboli. *Fin* subsiste sans conséquence pour *finer*, qui vient de lui, pendant que *cesse* et *cesser* règnent également. *Verd* ne fait plus *verdoyer ;* ni *fête, fétoyer ;* ni *larme, larmoyer;* ni *deuil, se douloir, se condouloir;* ni *joie, s'éjouir,* bien qu'il fasse toujours *se réjouir, se conjouir;* ainsi qu'*orgueil, s'enorgueillir.* On a dit *gent,* le corps *gent:* ce mot si facile non seulement est tombé, l'on voit même qu'il a entraîné *gentil* dans sa chute. On dit *diffamé,* qui dérive de *fâme,* qui ne s'entend plus. On dit *curieux,* dérivé de *cure,* qui est hors d'usage. Il y avait avantage de dire

si que pour *de sorte que,* ou *de manière que; de moi,* au lieu de *pour moi* ou de *quant à moi;* de dire, *je sais que c'est qu'un mal,* plutôt que *je sais ce que c'est qu'un mal,* soit par l'analogie latine, soit par l'avantage qu'il y a souvent à avoir un mot de moins à placer dans l'oraison. L'usage a préféré *par conséquent* à *par conséquence,* et *en conséquence* à *en conséquent; façons de faire* à *manières de faire,* et *manières d'agir* à *façons d'agir*... dans les verbes, *travailler* à *ouvrer, être accoutumé* à *souloir, convenir* à *duire, faire du bruit* à *bruire, injurier* à *vilainer, piquer* à *poindre, faire ressouvenir* à *ramentevoir*... et dans les noms, *pensées* à *pensers,* un si beau mot, et dont le vers se trouvait si bien; *grandes actions* à *prouesses, louanges* à *loz, méchanceté* à *mauvaistié, porte* à *huis, navire* à *nef, armée* à *ost, monastère* à

Qui pourrait rendre raison de la fortune de certains mots, et de la proscription de quelques autres? *Ains* a péri : la voyelle qui le commence, et si propre pour l'élision, n'a pu le sauver; il a cédé à un autre monosyllabe, et qui n'est au plus que son anagramme. *Certes* est beau dans sa vieillesse, et a encore de la force sur son déclin : la poésie le réclame, et notre langue doit beaucoup aux écrivains qui le disent en prose, et qui se commettent pour lui dans leurs ouvrages. *Maint* est un mot qu'on ne devait jamais abandonner, et par la facilité qu'il y avait à le couler dans le style, et par son origine, qui est française. *Moult*, quoique latin, était dans son

temps d'un même mérite; et je ne vois pas par où *beaucoup* l'emporte sur lui. Quelle persécution le *car* n'a-t-il pas essuyée! et s'il n'eût trouvé de la protection parmi les gens polis, n'était-il pas honteusement banni d'une langue à qui il a rendu de si longs services, sans qu'on sût quel mot lui substituer? *Cil* a été dans ses beaux jours le plus joli mot de la langue française, et il est douloureux pour les poètes qu'il ait vieilli. *Douloureux* ne vient pas plus naturellement de *douleur*, que de *chaleur* vient *chaleureux* ou *chaloureux*; celui-ci se passe, bien que ce fût une richesse pour la langue, et qu'il se dise fort juste où *chaud* ne s'emploie

qu'improprement. *Valeur* devait aussi nous conserver *valeureux; haine, haineux; peine, peineux; fruit, fructueux; pitié, piteux; joie, jovial; foi, féal; cour, courtois; gîte, gisant; haleine, halené; vanterie, vantard; mensonge, mensonger; coutume, coutumier :* comme *part* maintient *partial; point, pointu* et *pointilleux; ton, tonnant; son, sonore; frein, effréné; front, effronté; ris, ridicule; loi, loyal; cœur, cordial; bien, bénin; mal, malicieux. Heur* se plaçait où *bonheur* ne saurait entrer; il a fait *heureux*, qui est si français, et il a cessé de l'être: si quelques poètes s'en sont servis, c'est moins par choix que par la contrainte de la mesure. *Issue*

prospère, et vient d'*issir*, qui est aboli. *Fin* subsiste sans conséquence pour *finer*, qui vient de lui, pendant que *cesse* et *cesser* règnent également. *Verd* ne fait plus *verdoyer*; ni *fête, fêtoyer*; ni *larme, larmoyer*; ni *deuil, se douloir, se condouloir*; ni *joie, s'éjouir*, bien qu'il fasse toujours *se réjouir, se conjouir*; ainsi qu'*orgueil, s'enorgueillir*. On a dit *gent*, le corps *gent* : ce mot si facile non seulement est tombé, l'on voit même qu'il a entraîné *gentil* dans sa chute. On dit *diffamé*, qui dérive de *fâme*, qui ne s'entend plus. On dit *curieux*, dérivé de *cure*, qui est hors d'usage. Il y avait à gagner de dire *si que* pour *de sorte que*, ou *de ma-*

Qui pourrait rendre raison de la fortune de certains mots, et de la proscription de quelques autres ? *Ains* a péri : la voyelle qui le commence, et si propre pour l'élision, n'a pu le sauver ; il a cédé à un autre monosyllabe, et qui n'est au plus que son anagramme. *Certes* est beau dans sa vieillesse, et a encore de la force sur son déclin : la poésie le réclame, et notre langue doit beaucoup aux écrivains qui le disent en prose, et qui se commettent pour lui dans leurs ouvrages. *Maint* est un mot qu'on ne devait jamais abandonner, et par la facilité qu'il y avait à le couler dans le

style, et par son origine, qui est française. *Moult,* quoique latin, était dans son temps d'un même mérite ; et je ne vois pas par où *beaucoup* l'emporte sur lui. Quelle persécution le *car* n'a-t-il pas essuyée ! et s'il n'eût trouvé de la protection parmi les gens polis, n'était-il pas banni honteusement d'une langue à qui il a rendu de si longs services, sans qu'on sût quel mot lui substituer ? *Cil* a été dans ses beaux jours le plus joli mot de la langue française, et il est douloureux pour les poètes qu'il ait vieilli. *Douloureux* ne vient pas plus naturellement de *douleur,* que de *chaleur* vient

chaleureux ou *chaloureux* ; celui-ci se passe, bien que ce fût une richesse pour la langue, et qu'il se dise fort juste où *chaud* ne s'emploie qu'improprement. *Valeur* devait aussi nous conserver *valeureux* ; *haine, haineux* ; *peine, peineux* ; *fruit, fructueux* ; *pitié, piteux* ; *joie, jovial* ; *foi, féal* ; *cour, courtois* ; *gîte, gisant* ; *haleine, halené* ; *vanterie, vantard* ; *mensonge, mensonger* ; *coutume, coutumier* ; comme *part* maintient *partial* ; *point, pointu* et *pointilleux* ; *ton, tonnant* ; *son, sonore* ; *frein, effréné* ; *front, effronté* ; *ris, ridicule* ; *loi, loyal* ; *cœur, cordial* ; *bien, bénin* ;

mal, malicieux. Heur se plaçait où *bonheur* ne saurait entrer ; il a fait *heureux,* qui est si français, et il a cessé de l'être : si quelques poètes s'en sont servis, c'est moins par choix que par la contrainte de la mesure. *Issue* prospère, et vient d'*issir,* qui est aboli. *Fin* subsiste sans conséquence pour *finer,* qui vient de lui, pendant que *cesse* et *cesser* règnent également. *Verd* ne fait pas *verdoyer* ; ni *fête, fétoyer* ; ni *larme, larmoyer* ; ni *deuil, se douloir, se condouloir* ; ni *joie, s'éjouir,* bien qu'il fasse toujours *se réjouir, se conjouir* ; ainsi qu'*orgueil, s'enorgueillir.* On a dit

Qui pourrait rendre raison de la fortune de certains mots, et de la proscription de quelques autres ? *Ains* a péri : la voyelle qui le commence, et si propre pour l'élision, n'a pu le sauver ; il a cédé à un autre monosyllabe, et qui n'est au plus que son anagramme. *Certes* est beau dans sa vieillesse, et a encore de la force sur son déclin : la poésie le réclame, et notre langue doit beaucoup aux écrivains qui le disent en prose, et qui se commettent pour

lui dans leurs ouvrages. *Maint* est un mot qu'on ne devait jamais abandonner, et par la facilité qu'il y avait à le couler dans le style, et par son origine, qui est française. *Moult,* quoique latin, était dans son temps d'un même mérite ; et je ne vois pas par où *beaucoup* l'emporte sur lui. Quelle persécution le *car* n'a-t-il pas essuyée ! et s'il n'eût trouvé de la protection parmi les gens polis, n'était-il pas banni honteusement d'une langue à qui il a rendu

de si longs services, sans qu'on sût quel mot lui substituer ? *Cil* a été dans ses beaux jours le plus joli mot de la langue française, et il est douloureux pour les poètes qu'il ait vieilli. *Douloureux* ne vient pas plus naturellement de *douleur,* que de *chaleur* vient *chaleureux* ou *chaloureux;* celui-ci se passe, bien que ce fût une richesse pour la langue, et qu'il se dise fort juste où *chaud* ne s'emploie qu'improprement. *Valeur* devait aussi nous conserver *va-*

leureux ; haine, haineux ; peine, peineux ; fruit, fructueux ; pitié, piteux ; joie, jovial ; foi, féal ; cour, courtois; gîte, gisant ; haleine, halené ; vanterie, vantard ; mensonge, mensonger ; coutume, coutumier ; comme *part* maintient *partial ; point, pointu* et *pointilleux ; ton, tonnant ; son, sonore ; frein, effréné ; front, effronté ; ris, ridicule ; loi, loyal ; cœur, cordial ; bien, bénin ; mal, malicieux. Heur* se plaçait où *bonheur* ne saurait entrer ; il a

Qui pourrait rendre raison de la fortuné de certains mots, et de la proscription de quelques autres ? *Ains* a péri : la voyelle qui le commence, et si propre pour l'élision, n'a pu le sauver ; il a cédé à un autre monosyllabe, et qui n'est au plus que son anagramme. *Certes* est beau dans sa vieillesse, et a encore de la force sur son déclin : la poésie le réclame, et notre

langue doit beaucoup aux écrivains qui le disent en prose, et qui se commettent pour lui dans leurs ouvrages. *Maint* est un mot qu'on ne devait jamais abandonner, et par la facilité qu'il y avait à le couler dans le style, et par son origine, qui est française. *Moult*, quoique latin, était dans son temps d'un même mérite ; et je ne vois pas par où *beaucoup* l'emporte sur lui.

Quelle persécution le *car* n'a-t-il pas essuyée ! et s'il n'eût trouvé de la protection parmi les gens polis, n'était-il pas banni honteusement d'une langue à qui il a rendu de si longs services, sans qu'on sût quel mot lui substituer ? *Cil* a été dans ses beaux jours le plus joli mot de la langue française, et il est douloureux pour les poètes qu'il ait vieilli. *Douloureux* ne

vient pas plus naturellement de *douleur*, que de *chaleur* vient *chaleureux* ou *chaloureux ;* celui-ci se passe, bien que ce fût une richesse pour la langue, et qu'il se dise fort juste où *chaud* ne s'emploie qu'improprement. *Valeur* devait aussi nous conserver *valeureux ; haine, haineux ; peine, peineux ; fruit, fructueux ; pitié, piteux ; joie, jovial ; foi, féal ;*

Qui pourrait rendre raison de la fortune de certains mots, et de la proscription de quelques autres ? *Ains* a péri : la voyelle qui le commence, et si propre pour l'élision, n'a pu le sauver ; il a cédé à un autre monosyllabe, et qui n'est au plus que son anagramme. *Certes* est beau dans sa vieillesse, et a encore de la force sur son déclin : la poésie le réclame, et notre langue doit beaucoup aux écrivains qui le disent en prose, et qui se commettent pour lui dans leurs ouvrages. *Maint* est un mot qu'on ne devait jamais abandonner, et par la facilité qu'il y

avait à le couler dans le style, et par son origine, qui est française. *Moult*, quoique latin, était dans son temps d'un même mérite ; et je ne vois pas par où *beaucoup* l'emporte sur lui. Quelle persécution le *car* n'a-t-il pas essuyée ! et s'il n'eût trouvé de la protection parmi les gens polis, n'était-il pas banni honteusement d'une langue à qui il a rendu de si longs services, sans qu'on sût quel mot lui substituer ? *Cil* a été dans ses beaux jours le plus joli mot de la langue française, et il est

TYPES ELZÉVIR

Qui pourrait rendre raison de la fortune de certains mots, et de la proscription de plusieurs autres ? *Ains* a péri : la voyelle qui le commence, et si propre pour l'élision, n'a pu le sauver ; il a cédé à un autre monosyllabe, et qui n'est au plus que son anagramme. *Certes* est beau dans sa vieillesse, et a encore de la force sur son déclin : la poésie le réclame, et notre langue doit beaucoup aux écrivains qui le disent en prose, et qui se commettent pour lui dans leurs ouvrages. *Maint* est un mot qu'on ne devait jamais abandonner, et par la facilité qu'il y avait à le couler dans le style, et par son origine, qui est française. *Moult*, quoique latin, était dans son temps d'un même mérite ; et je ne vois pas par où *beaucoup* l'emporte sur lui. Quelle persécution le *car* n'a-t-il pas essuyée ! et s'il n'eût trouvé de la protection parmi les gens polis, n'était-il pas banni honteusement d'une langue à qui il a rendu de si longs services, sans qu'on sût quel mot lui substituer ? *Cil* a été dans ses beaux jours le plus joli mot de la langue française, et il est douloureux pour les poètes qu'il ait

vieilli. *Douloureux* ne vient pas plus naturellement de *douleur*, que de *chaleur* vient *chaleureux* ou *chalonreux*; celui-ci se passe, bien que ce fût une richesse pour la langue, et qu'il se dise fort juste où *chaud* ne s'emploie qu'improprement. *Valeur* devait aussi nous conserver *valeureux*; *haine*, *haineux*; *peine*, *peineux*; *fruit*, *fructueux*; *pitié*, *piteux*; *joie*, *jovial*; *foi*, *féal*; *cour*, *courtois*; *gîte*, *gisant*; *haleine*, *halené*; *vanterie*, *vantard*; *mensonge*, *mensonger*; *coutume*, *coutumier* : comme *part* maintient *partial*; *point*, *pointu* et *pointilleux*; *ton*, *tonnant*; *son*, *sonore*; *frein*, *effréné*; *front*, *effronté*; *ris*, *ridicule*; *loi*, *loyal*; *cœur*, *cordial*; *bien*, *bénin*; *mal*, *malicieux*. *Heur* se plaçait où *bonheur* ne saurait entrer ; il a fait *heureux*, qui est français, et il a cessé de l'être : si quelques poètes s'en sont servis, c'est moins par choix que par la contrainte de la mesure. *Issue* prospère, et vient d'*issir* qui est aboli. *Fin* subsiste sans conséquence pour *finer*, qui vient de lui, pendant que *cesse* et *cesser* règnent également. *Verd* ne fait plus *verdoyer*; ni *fête*, *fêtoyer*; ni *larme*, *larmoyer*; ni *deuil*, se *douloir*, se con-

douloir ; ni *joie*, s'*éjouir*, bien qu'il fasse toujours *se réjouir*, *se conjouir* ; ainsi qu'*orgueil*, s'*enorgueillir*. On a dit *gent*, le corps *gent* : ce mot si facile non seulement est tombé, l'on voit même qu'il a entraîné *gentil* dans sa chute. On dit *diffamé*, qui dérive de *fâme*, qui ne s'entend plus. On dit *curieux*, dérivé de *cure*, qui est hors d'usage. Il y avait à gagner de dire *si que* pour *de sorte que*, ou *de manière que*; *de moi*, au lieu de *pour moi* ou de *quant d moi*; de dire, *je sais que c'est qu'un mal*, plutôt que *je sais ce que c'est qu'un mal*, soit par l'analogie latine, soit par l'avantage qu'il y a souvent à avoir un mot de moins à placer dans l'oraison. L'usage a préféré *par conséquent* à *par conséquence*, et *en conséquence* à *en conséquent* ; *façons de faire* à *manières de faire*, et *manières d'agir* à *façons d'agir*... dans les verbes, *travailler* à *ouvrer*, *être accoutumé* à *souloir*, *convenir* à *duire*, *faire du bruit* à *bruire*, *injurier* à *vilainer*, *piquer* à *poindre*, *faire ressouvenir* à *ramentevoir*... et dans les noms, *pensées* à *pensers*, un si beau mot, et dont le vers se trouve si bien, *grandes actions* à *prouesses*, *louanges* à *los*,

monastère à *moustier*, *prairies* à *prées*... tous mots qui pouvaient durer ensemble d'une égale beauté, et rendre une langue plus abondante. L'usage a, par l'addition, la suppression, le changement ou le dérangement de quelques lettres, fait *frelater* de *fralater*, *prouver* de *preuver*, *profit* de *proufit*, *froment* de *froument*, *profil* de *pourfil*, *provision* de *pourvoir*, *promener* de *pourmener*, et *promenade* de *pourmenade*. Le même usage fait, selon l'occasion, d'*habile*, d'*utile*, de *facile*, de *docile*, de *mobile*, et de *fertile*, sans y rien changer, des genres différents : au contraire de *vil*, *vile*, *subtil*, *subtile*, selon leur terminaison, masculins ou féminins. Il a altéré les terminaisons anciennes : de *scel* il a fait *sceau* ; de *mantel*, *manteau* ; de *capel*, *chapeau*, de *coutel*, *couteau* ; de *hamel*, *hameau* ; de *damoisel*, *damoiseau* ; de *jouvencel*, *jouvenceau* ; et cela sans que l'on voie guère ce que la langue française gagne à ces différences et à ces changements. Est-ce donc faire pour le progrès d'une langue que de déférer à l'usage ? serait-il mieux de secouer le joug de son empire si despotique ? Faudrait-il,

5

Qui pourrait rendre raison de la fortune de certains mots, et de la proscription de quelques autres? *Ains* a péri : la voyelle qui le commence, et si propre pour l'élision, n'a pu le sauver; il a cédé à un autre monosyllabe et qui n'est au plus que son anagramme. *Certes* est beau dans sa vieillesse, et a encore de la force sur son déclin : la poésie le réclame, et notre langue doit beaucoup aux écrivains qui le disent en prose, et qui se commettent pour lui dans leurs ouvrages. *Maint* est un mot qu'on ne devait jamais abandonner, et par la facilité qu'il y avait à le couler dans le style, et par son origine, qui est française. *Moult*, quoique latin, était dans son temps d'un même mérite; et je ne vois

pas par où *beaucoup* l'emporte sur lui. Quelle persécution le *car* n'a-t-il pas essuyée! et s'il n'eût trouvé de la protection parmi les gens polis, n'était-il pas honteusement banni de la langue à qui il a rendu de si longs services, sans qu'on sût quel mot lui substituer? *Cil* a été dans ses beaux jours le plus joli mot de la langue française, et il est douloureux pour les poètes qu'il ait vieilli. *Douloureux* ne vient pas plus naturellement de *douleur*, que de *chaleur* vient *chaleureux* ou *chalotireux*; celui-ci se passe, bien que ce fût une richesse pour la langue, et qu'il se dise fort juste où *chaud* ne s'emploie qu'improprement. *Valeur* devait aussi nous conserver *valeureux; haine, haineux; peine, peineux;*

fruit, fructueux; pitié, piteux; joie, jovial; foi, féal; cour, courtois; gîte, gisant; haleine, haleiné; vanterie, vantard; mensonge, mensonger; coutume, coutumier : comme *part* maintient *partial; point, pointu* et *pointilleux; ton, tonnant; son, sonore; frein, effréné; front, effronté; ris, ridicule; loi, loyal; cœur, cordial; bien, bénin; mal, malicieux. Heur* se plaçait où *bonheur* ne saurait entrer; il a fait *heureux* qui est si français, et il a cessé de l'être : si quelques poètes s'en sont servis, c'est moins par choix que par la contrainte de la mesure. *Issue* prospère, et vient d'*issir*, qui est aboli. *Fin* subsiste sans conséquence pour *finer*, qui vient de lui, pendant que *cesse* et *cesser* règnent également. *Verd* ne fait plus

verdoyer; ni *fête, fêtoyer;* ni *larme, larmoyer;* ni *deuil, se douloir, se condouloir;* ni *joie, s'éjouir,* bien qu'il fasse toujours *se réjouir, se conjouir;* ainsi qu'*orgueil, s'enorgueillir.* On a dit *gent,* le corps *gent :* ce mot si facile non seulement est tombé, l'on voit même qu'il a entraîné *gentil* dans sa chute. On dit *diffamé,* qui dérive de *fâme,* qui ne s'entend plus. On dit *curieux,* dérivé de *cure,* qui est hors d'usage. Il y avait à gagner de dire *si que* pour *de sorte que,* ou *de manière que; de moi,* au lieu de *pour moi* ou de *quant à moi;* de dire, *je sais que c'est qu'un mal,* plutôt que *je sais ce que c'est qu'un mal,* soit par l'analogie latine, soit par l'avantage qu'il y a souvent à avoir un mot de moins à placer dans

Qui pourrait rendre raison de la fortune de certains mots, et de la proscription de quelques autres ? *Ains* a péri : la voyelle qui le commence, et si propre pour l'élision, n'a pu le sauver ; il a cédé à un autre monosyllabe, et qui n'est au plus que son anagramme. *Certes* est beau dans sa vieillesse, et a encore de la force sur son déclin : la poésie le réclame, et notre langue doit beaucoup aux écrivains qui le disent en prose, et qui se commettent pour lui dans leurs ouvrages. *Maint* est un mot qu'on ne devait jamais abandonner, et par la facilité qu'il y avait à le cou-

ler dans le style, et par son origine, qui est française. *Moult,* quoique latin, était dans son temps d'un même mérite ; et je ne vois pas par où *beaucoup* l'emporte sur lui. Quelle persécution le *car* n'a-t-il pas essuyée ! et s'il n'eût trouvé de la protection parmi les gens polis, n'était-il pas banni honteusement d'une langue à qui il a rendu de si longs services, sans qu'on sût quel mot lui substituer ? *Cil* a été dans ses beaux jours le plus joli mot de la langue française, et il est douloureux pour les poètes qu'il ait vieilli. *Douloureux* ne vient pas plus naturellement de *dou-*

leur, que de *chaleur* vient *chaleureux* ou *chaloureux* ; celui-ci se passe, bien que ce fût une richesse pour la langue, et qu'il se dise fort juste où *chaud* ne s'emploie qu'improprement. *Valeur* devait aussi nous conserver *valeureux* ; *haine, haineux* ; *peine, peineux* ; *fruit, fructueux* ; *pitié, piteux* ; *joie, jovial* ; *foi, féal* ; *cour, courtois* ; *gîte, gisant* ; *haleine, halené* ; *vanterie, vantard* ; *mensonge, mensonger* ; *coutume, coutumier* ; comme *part* maintient *partial* ; *point, pointu* et *pointilleux* ; *ton, tonnant* ; *son, sonore* ; *frein, effréné* ; *front, effronté* ; *ris, ridicule* ; *loi, loyal* ; *cœur, cordial* ;

bien, bénin ; *mal, malicieux. Heur* se plaçait où *bonheur* ne saurait entrer ; il a fait *heureux,* qui est si français, et il a cessé de l'être : si quelques poètes s'en sont servis, c'est moins par choix que par la contrainte de la mesure. *Issue* prospère, et vient d'*issir,* qui est aboli. *Fin* subsiste sans conséquence pour *finer,* qui vient de lui, pendant que *cesse* et *cesser* règnent également. *Verd* ne fait plus *verdoyer* ; ni *fête, fétoyer* ; ni *larme, larmoyer* ; ni *deuil, se douloir, se condouloir* ; ni *joie, s'éjouir,* bien qu'il fasse toujours *se réjouir, se conjouir* ; ainsi qu'*orgueil, s'enorgueillir.* On a dit

Qui pourrait rendre raison de la fortune de certains mots, et de la proscription de quelques autres ? *Ains* a péri : la voyelle qui le commence, et si propre pour l'élision, n'a pu le sauver ; il a cédé à un autre monosyllabe, et qui n'est au plus que son anagramme. *Certes* est beau dans sa vieillesse, et a encore de la force sur son déclin : la poésie le réclame, et notre langue doit beaucoup aux écrivains qui le disent en prose, et qui se commettent

pour lui dans leurs ouvrages. *Maint* est un mot qu'on ne devait jamais abandonner, et par la facilité qu'il y avait à le couler dans le style, et par son origine, qui est française. *Moult,* quoique latin, était dans son temps d'un même mérite ; et je ne vois pas par où *beaucoup* l'emporte sur lui. Quelle persécution le *car* n'a-t-il pas essuyée ! et s'il n'eût trouvé de la protection parmi les gens polis, n'était-il pas banni honteusement d'une langue à qui il a rendu

de si longs services, sans qu'on sût quel mot lui substituer ? *Cil* a été dans ses beaux jours le plus joli mot de la langue française, et il est douloureux pour les poètes qu'il ait vieilli. *Douloureux* ne vient pas plus naturellement de *douleur,* que de *chaleur* vient *chaleureux* ou *chaloureux*; celui-ci se passe, bien que ce fût une richesse pour la langue, et qu'il se dise fort juste où *chaud* ne s'emploie qu'improprement. *Valeur* devait aussi nous conserver *valeureux ; haine,*

haineux ; peine, peineux ; fruit, fructueux ; pitié, piteux ; joie, jovial ; foi, féal ; cour, courtois ; gîte, gisant ; haleine, halené ; vanterie, vantard ; mensonge, mensonger ; coutume, coutumier ; comme *part* maintient *partial ; point, pointu* et *pointilleux ; ton, tonnant ; son, sonore ; frein, effréné ; front, effronté, ris, ridicule ; loi, loyal ; cœur, cordial ; bien, bénin ; mal, malicieux. Heur* se plaçait où *bonheur* ne saurait entrer ; il a fait *heureux,* qui est si français, et il a cessé de l'être : si quel-

ELZÉVIR JANNET

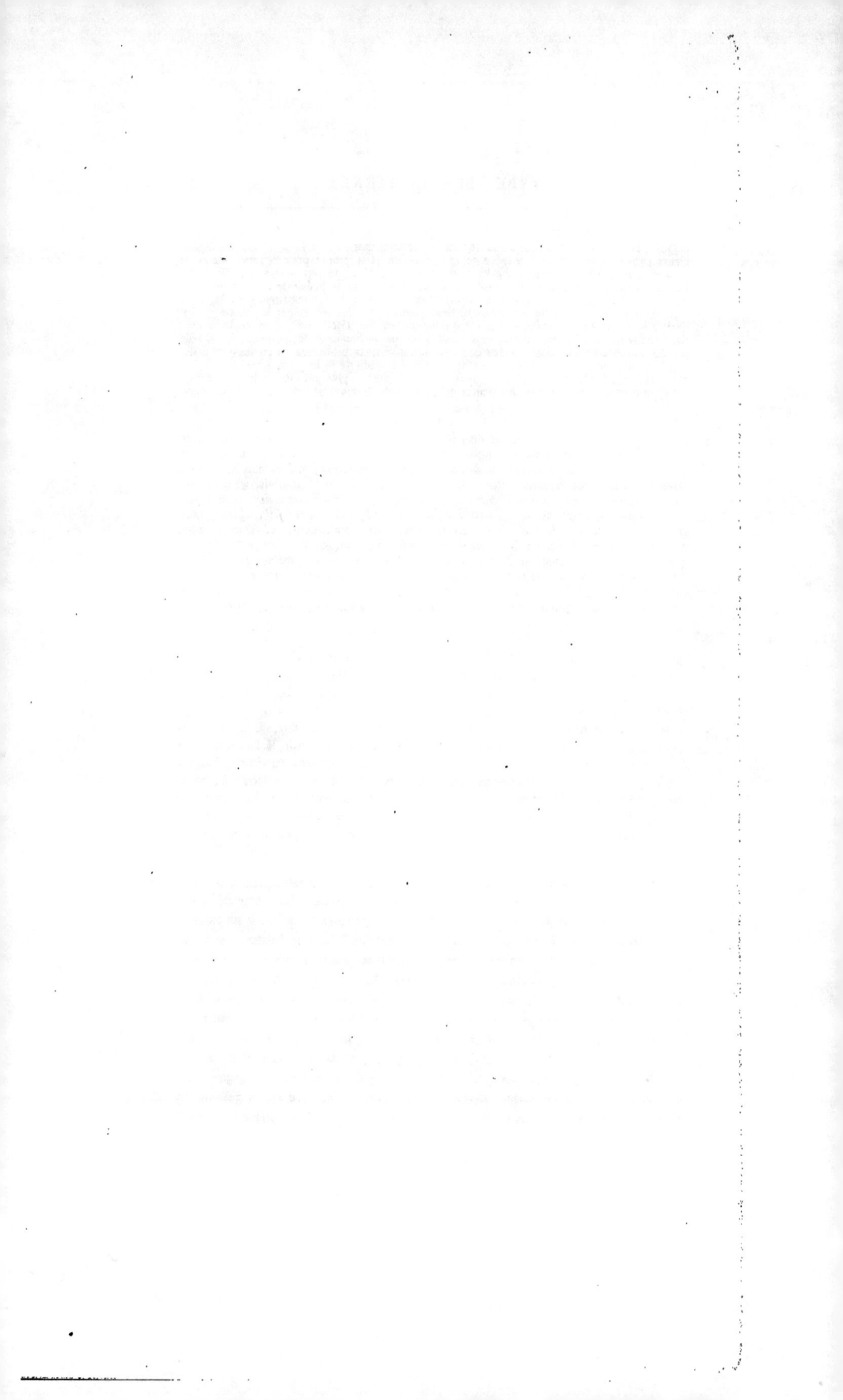

Qui pourrait rendre compte de la fortune de certains mots, et de la proscription de plusieurs autres ? *Ains* a péri : la voyelle qui le commence, et si propre pour l'élision, n'a pu le sauver : il a cédé à un autre monosyllabe, et qui n'est au plus que son anagramme. *Certes* est beau dans sa vieillesse, et a encore de la force sur son déclin : la poésie le réclame, et notre langue doit beaucoup aux écrivains qui le disent en prose, et qui se commettent pour lui dans leurs ouvrages. *Maint* est un mot qu'on ne devait jamais abandonner, et par la facilité qu'il y avait à le couler dans le style, et par son origine, qui est française. *Moult*, quoique latin, était dans son temps d'un même mérite ; et je ne vois pas par où *beaucoup* l'emporte sur lui. Quelle persécution le *car* n'a-t-il pas essuyée ? et s'il n'eût trouvé de la protection parmi les gens polis, n'était-il pas banni honteusement d'une langue à qui il a rendu de si longs services, sans qu'on sût quel mot lui substituer ? *Cil* a été dans ses beaux jours le plus joli mot de la langue française, et il est douloureux pour les poètes qu'il ait vieilli. *Douloureux* ne vient pas plus natu-

rellement de *douleur*, que de *chaleur* vient *chaleureux* ou *chaloureux* ; celui-ci se passe, bien que ce fût une richesse pour la langue, et qu'il se dise fort juste où *chaud* ne s'emploie qu'improprement. *Valeur* devait aussi nous conserver *valeureux* ; *haine*, *haineux* ; *peine*, *peineux* ; *fruit*, *fructueux* ; *pitié*, *piteux* ; *joie*, *jovial* ; *foi*, *féal* ; *cour*, *courtois* ; *gîte*, *gisant* ; *haleine*, *halené* ; *vanterie*, *vantard* ; *mensonge*, *mensonger* ; *coutume*, *coutumier* : comme *part* maintient *partial* ; *point*, *pointu* et *pointilleux* ; *ton*, *tonnant* ; *son*, *sonore* ; *frein*, *effréné* ; *front*, *effronté* ; *ris*, *ridicule* ; *loi*, *loyal* ; *cœur*, *cordial* ; *bien*, *bénin* ; *mal*, *malicieux*. *Heur* se plaçait où *bonheur* ne saurait entrer : il a fait *heureux*, qui est si français, et il a cessé de l'être : si quelques poètes s'en sont servis, c'est moins par choix que par la contrainte de la mesure. *Issue* prospère, et vient d'*issir*, qui est aboli. *Fin* subsiste sans conséquence pour *finer*, qui vient de lui, pendant que *cesse* et *cesser* règnent également. *Verd* ne fait plus *verdoyer* ; ni *fête*, *fétoyer* ; ni *larme*, *larmoyer* ; ni *deuil*, *se douloir*, *se condouloir* ; ni *joie*, *s'éjouir*, bien

qu'il fasse toujours *se réjouir*, *se conjouir* ; ainsi qu'*orgueil*, *s'enorgueillir*. On a dit *gent*, le corps *gent* ; ce mot si facile non seulement est tombé, l'on voit même qu'il a entraîné *gentil* dans sa chute. On dit *diffamé*, qui dérive de *fâme*, qui ne s'entend plus. On dit *curieux*, dérivé de *cure*, qui est hors d'usage. Il y avait à gagner de dire *si que* pour *de sorte que*, ou de manière que ; de moi, au lieu de pour moi ou de quant à moi ; de dire, je sais que c'est qu'un mal, plutôt que je sais ce que c'est qu'un mal, soit par l'analogie latine, soit par l'avantage qu'il y a souvent à avoir un mot de moins à placer dans l'oraison. L'usage a préféré par conséquent à par conséquence, et en conséquence à en conséquent ; façons de faire à manières de faire, et manières d'agir à façons d'agir... dans les verbes, travailler à ouvrer, être accoutumé à souloir, convenir à duire, faire du bruit à bruire, injurier à vilainer, piquer à poindre, faire ressouvenir à ramentevoir... et dans les noms, pensées à pensers, un

si beau mot, et dont le vers se trouve si bien, grandes actions à prouesses, louanges à loz, monastère à monstier, prairies à prées... tous mots qui pouvaient durer ensemble d'une égale beauté, et rendre une langue plus abondante. L'usage a, par l'addition, la suppression, le changement ou le dérangement de quelques lettres, fait frelater de fralater, prouver de preuver, profit de proufit, froment de froument, profil de pourfil, provision de pourveoir, promener de pourmener, et promenade de pourmenade. Le même usage fait, selon l'occasion, d'habile, d'utile, de facile, de docile, de mobile et de fertile, sans y rien changer, des genres différents : au contraire de vil, vile, subtil, subtile, selon leur terminaison, masculins ou féminins. Il a altéré les terminaisons anciennes : de scel il a fait sceau ; de mantel, manteau ; de capel, chapeau ; de coutel, couteau ; de hamel hameau ; de damoisel, damoiseau ; de jouvencel, jouvenceau ; et cela sans qu'on voie guère ce que la langue française gagne à ces différences et à ces changements. Est-ce donc faire pour le progrès d'une langue que de déférer à l'usage ? serait-il mieux de secouer le joug de son empire si despotique ? Faudrait-il

Qui pourrait rendre raison de la fortune de certains mots, et de la proscription de plusieurs autres ? *Ains* a péri : la voyelle qui le commence, et si propre pour l'élision, n'a pu le sauver : il a cédé à un autre monosyllabe, et qui n'est au plus que son anagramme. *Certes* est beau dans sa vieillesse, et a encore de la force dans son déclin : la poésie le réclame, et notre langue doit beaucoup aux écrivains qui le disent en prose, et qui se commettent pour lui dans leurs ouvrages. *Maint* est un mot qu'on ne devait jamais abandonner, et par la facilité qu'il y avait à le couler dans le style, et par son origine, qui est française. *Moult*, quoique latin, était dans son temps d'un même mérite ; et je ne vois pas par où *beaucoup* l'emporte sur lui. Quelle persécution le *car* n'a-t-il pas essuyée ! et s'il n'eût trouvé de la protection parmi les gens polis, n'était-il pas banni hon-

teusement d'une langue à qui il a rendu de si longs services, sans qu'on sût quel mot lui substituer ? *Cil* a été dans ses beaux jours le plus joli mot de la langue française, et il est douloureux pour les poètes qu'il ait vieilli. *Douloureux* ne vient pas plus naturellement de *douleur* que de *chaleur* vient *chaleureux* ou *chaloureux :* celui-ci se passe, bien que ce fût une richesse pour la langue, et qu'il se dise fort juste où *chaud* ne s'emploie qu'improprement. *Valeur* devait aussi nous conserver *valeureux ; haine, haineux ; peine, peineux ; fruit, fructueux ; pitié, piteux ; joie, jovial ; foi, féal ; cour, courtois ; gîte, gisant ; haleine, haleñé ; vanterie, vantard ; mensonge, mensonger ; coutume, coutumier :* comme *part* maintient *partial ; point, pointu* et *pointilleux ; ton, tonnant ; son, sonore ; frein, effréné ; front, effronté ; ris, ridicule ; loi, loyal ; cœur, cordial ; bien, bénin ; mal, malicieux.*

Heur se plaçait où *bonheur* ne saurait entrer ; il a fait *heureux*, qui est si français, et il a cessé de l'être : si quelques poètes s'en sont servis, c'est moins par choix que par la contrainte de la mesure. *Issue* prospère, et vient d'*issir* qui est aboli, *Fin* subsiste sans conséquence pour *finer*, qui vient de lui, pendant que *cesse* et *cesser* règnent également. *Verd* ne fait plus *verdoyer* ; ni *fête, fétoyer* ; ni *larme, larmoyer* ; ni *deuil, se douloir, se condouloir* ; ni *joie, s'éjouir*, bien qu'il fasse toujours *se réjouir, se conjouir* ; ainsi qu'*orgueil, s'enorgueillir*. On a dit *gent*, le corps *gent :* ce mot si facile non seulement est tombé, l'on voit même qu'il a entraîné *gentil* dans sa chute. On dit *diffamé*, qui dérive de *fâme*, qui ne s'entend plus. On dit *curieux*, dérivé de *cure*, qui est hors d'usage. Il y avait à gagner de dire *si que* pour *de sorte que* ou *de manière que* ; *de moi*, au lieu de

pour moi ou de *quant à moi ;* de dire, *je sais que c'est qu'un mal*, plutôt que *je sais ce que c'est qu'un mal*, soit par l'analogie latine, soit par l'avantage qu'il y a souvent à avoir un mot de moins à placer dans l'oraison. L'usage a préféré *par conséquent* à *par conséquence*, et *en conséquence* à *en conséquent ; façons de faire* à *manières de faire*, et *manières d'agir* à *façons d'agir*... dans les verbes, *travailler* à *ouvrer, être accoutumé* à *souloir, convenir* à *duire, faire du bruit* à *bruire, injurier* à *vilainer, piquer* à *poindre, faire ressouvenir* à *ramentevoir*... et dans les noms, *pensées* à *pensers*, un si beau mot, et dont le vers se trouvait si bien ; *grandes actions* à *prouesses, louanges* à *loz, méchanceté* à *mauvaistié, porte* à *huis, navire* à *nef, armée* à *ost, monastère* à *monstier, prairies* à *prées*... tous mots qui pouvaient durer ensemble d'une égale beauté, et rendre une langue

Qui pourrait rendre raison de la fortune de certains mots, et de la proscription de quelques autres ? *Ains* a péri : la voyelle qui le commence, et si propre pour l'élision, n'a pu le sauver ; il a cédé à un autre monosyllabe, et qui n'est au plus que son anagramme. *Certes* est beau dans sa vieillesse, et a encore de la force dans son déclin : la poésie le réclame, et notre langue doit beaucoup aux écrivains qui le disent en prose, et qui se commettent pour lui dans leurs ouvrages. *Maint* est un mot qu'on ne devait jamais abandonner, et par la facilité qu'il y avait à le couler dans le style, et par son origine, qui est française. *Moult*, quoique latin, était dans son temps d'un même mérite ; et je ne vois pas par où *beau-*

coup l'emporte sur lui. Quelle persécution le *car* n'a-t-il pas essuyée ! et s'il n'eût trouvé de la protection parmi les gens polis, n'était-il pas banni honteusement d'une langue à qui il a rendu de si longs services, sans qu'on sût quel mot lui substituer ? *Cil* a été dans ses beaux jours le plus joli mot de la langue française, et il est douloureux pour les poètes qu'il ait vieilli. *Douloureux* ne vient pas plus naturellement de *douleur*, que de *chaleur* vient *chaleureux* ou *chaloureux* ; celui-ci se passe, bien que ce fût une richesse pour la langue, et qu'il se dise fort juste où *chaud* ne s'emploie qu'improprement. *Valeur* devait aussi nous conserver *valeureux* ; *haine*, *haineux* ; *peine*, *peineux* ; *fruit*, *fructueux* ; *pitié*, *piteux* ;

joie, *jovial* ; *foi*, *féal* ; *cour*, *courtois* ; *gîte*, *gisant* ; *haleine*, *halené* ; *vanterie*, *vantard* ; *mensonge*, *mensonger* ; *coutume*, *coutumier* ; comme *part* maintient *partial* ; *point*, *pointu* et *pointilleux* ; *ton*, *tonnant* ; *son*, *sonore* ; *frein*, *effréné* ; *front*, *effronté* ; *ris*, *ridicule* ; *loi*, *loyal* ; *cœur*, *cordial* ; *bien*, *bénin* ; *mal*, *malicieux*. *Heur* se plaçait où *bonheur* ne saurait entrer ; il a fait *heureux*, qui est si français, et il a cessé de l'être : si quelques poètes s'en sont servis, c'est moins par choix que par la contrainte de la mesure. *Issue* prospère, et vient d'*issir*, qui est aboli. *Fin* subsiste sans conséquence pour *finer*, qui vient de lui, pendant que *cesse* et *cesser* règnent également. *Verd* ne fait plus *verdoyer* ; ni *fête*, *fétoyer* ; ni *larme*, *larmoyer* ;

ni *deuil*, *se douloir*, *se condouloir* ; ni *joie*, *s'éjouir*, bien qu'il fasse toujours *se réjouir*, *se conjouir* ; ainsi qu'*orgueil*, *s'enorgueillir*. On a dit *gent*, le corps *gent* : ce mot si facile non seulement est tombé, l'on voit même qu'il a entraîné *gentil* dans sa chute. On dit *diffamé*, qui dérive de *fâme*, qui ne s'entend plus. On dit *curieux* dérivé de *cure*, qui est hors d'usage. Il y avait à gagner de dire *si que*, pour *de sorte que*, ou *de manière que* ; *de moi*, au lieu de *pour moi* ou de *quant à moi* ; de dire, *je sais que c'est qu'un mal*, plutôt que *je sais ce que c'est qu'un mal*, soit par l'analogie latine, soit par l'avantage qu'il y a souvent à avoir un mot de moins à placer dans l'oraison. L'usage a préféré *par conséquent* à *par conséquence*,

Qui pourrait rendre raison de la fortune de certains mots, et de la proscription de quelques autres ? *Ains* a péri : la voyelle qui le commence, et si propre pour l'élision, n'a pu le sauver ; il a cédé à un autre monosyllabe, et qui n'est au plus que son anagramme. *Certes* est beau dans sa vieillesse, et a encore de la force sur son déclin : la poésie le réclame, et notre langue doit beaucoup aux écrivains qui le disent en prose, et qui se commettent pour lui dans leurs ouvrages. *Maint* est un mot qu'on ne devait jamais abandonner, et par la facilité qu'il y avait à le couler dans le style,

et par son origine, qui est française. *Moult,* quoique latin, était dans son temps d'un même mérite ; et je ne vois pas par où *beaucoup* l'emporte sur lui. Quelle persécution le *car* n'a-t-il pas essuyée ! et s'il n'eût trouvé de la protection parmi les gens polis, n'était-il pas banni honteusement d'une langue à qui il a rendu de si longs services, sans qu'on sût quel mot lui substituer ? *Cil* a été dans ses beaux jours le plus joli mot de la langue française, et il est douloureux pour les poètes qu'il ait vieilli. *Douloureux* ne vient pas plus naturellement de *douleur,* que de *chaleur* vient *chaleureux* ou *cha-*

loureux ; celui-ci se passe, bien que ce fût une richesse pour la langue, et qu'il se dise fort juste où *chaud* ne s'emploie qu'improprement. *Valeur* devait aussi nous conserver *valeureux ; haine, haineux ; peine, peineux ; fruit, fructueux ; pitié, piteux ; joie, jovial ; foi, féal ; cour, courtois ; gîte, gisant ; haleine, halené ; vanterie, vantard ; mensonge, mensonger ; coutume, coutumier :* comme *part* maintient *partial ; point, pointu* et *pointilleux ; ton, tonnant ; son, sonore ; frein, effréné ; front, effronté ; ris, ridicule ; loi, loyal ; cœur, cordial ; bien, bénin ; mal, malicieux. Heur* se plaçait où *bonheur* ne saurait entrer ;

il a fait *heureux,* qui est si français, et il a cessé de l'être : si quelques poètes s'en sont servis, c'est moins par choix que par la contrainte de la mesure. *Issue* prospère, et vient d'*issir,* qui est aboli. *Fin* subsiste sans conséquence pour *finer,* qui vient de lui, pendant que *cesse* et *cesser* règnent également. *Verd* ne fait plus *verdoyer ;* ni *fête, fétoyer ;* ni *larme, larmoyer ;* ni *deuil, se douloir, se condouloir ;* ni *joie, s'éjouir,* bien qu'il fasse toujours *se réjouir, se conjouir ;* ainsi qu'*orgueil, s'enorgueillir.* On a dit *gent,* le corps *gent ;* ce mot si facile non seulement est tombé, l'on voit même

6

Qui pourrait rendre raison de la fortune de certains mots et de la proscription de quelques autres? *Ains* a péri: la voyelle qui le commence, et si propre pour l'élision, n'a pu le sauver; il a cédé à un autre monosyllabe, et qui n'est au plus que son anagramme. *Certes* est beau dans sa vieillesse, et a encore de la force sur son déclin : la poésie le réclame, et notre langue doit beaucoup aux écrivains qui le disent en prose, et qui se commettent pour lui dans leurs ouvrages. *Maint* est un mot qu'on ne devait jamais abandonner, et par la facilité qu'il y avait à le couler dans le style, et par son origine, qui est française. *Moult*, quoique latin, était dans son temps d'un même mérite ; et je ne vois pas par où *beaucoup* l'emporte sur lui. Quelle persécution le *car* n'a-t-il pas essuyée ! et s'il n'eût trouvé de la protection parmi les gens polis, n'était-il pas banni honteusement d'une langue à qui il a rendu de si longs services, sans qu'on sût quel mot lui substituer ?

TYPE ELZÉVIR JANNET.

ELZÉVIR GROS OEIL

Qui pourrait rendre raison de la fortune de certains mots, et de la proscription de plusieurs autres? *Ains* a péri: la voyelle qui le commence, et si propre pour l'élision, n'a pu le sauver; il a cédé à un autre monosyllabe, et qui n'est au plus que son anagramme. *Certes* est beau dans sa vieillesse, et a encore de la force sur son déclin: la poésie le réclame, et notre langue doit beaucoup aux écrivains qui le disent en prose. et qui se commettent pour lui dans leurs ouvrages. *Maint* est un mot qu'on ne devait jamais abandonner, et par la facilité qu'il y avait à le couler dans le style, et par son origine, qui est française. *Moult*, quoique latin, était dans son temps d'un même mérite; et je ne vois pas par où *beaucoup* l'emporte sur lui. Quelle persécution le *car* n'a-t-il pas essuyée? et s'il n'eût trouvé de la protection parmi les gens polis, n'était-il pas banni honteusement d'une langue à qui il a rendu de si longs services, sans qu'on sût quel mot lui substituer? *Cil* a été dans

ses beaux jours le plus joli mot de la langue française, et il est douloureux pour les poètes qu'il ait vieilli. *Douloureux* ne vient pas plus naturellement de *douleur* que de *chaleur* vient *chaleureux* ou *chaloureux;* celui-ci se passe, bien que ce fût une richesse pour la langue, et qu'il se dise fort juste où *chaud* ne s'emploie qu'improprement. *Valeur* devait aussi nous conserver *valeureux; haine, haineux; peine, peineux; fruit, fructueux; pitié, piteux; joie, jovial; foi, féal; cour, courtois; gîte, gisant; haleine, halené; vanterie, vantard; mensonge, mensonger; coutume, coutumier;* comme *part* maintient *partial; point, pointu* et *pointilleux; ton, tonnant; son, sonore; frein, effréné; front, effronté; ris, ridicule; loi, loyal; cœur, cordial; bien, bénin; mal, malicieux. Heur* se plaçait où *bonheur* ne saurait entrer; il a fait *heureux,* qui est si français, et il a cessé de l'être: si quelques poètes s'en sont servis, c'est moins par choix que par la contrainte de la

mesure. *Issue* prospère et vient d'*issir* qui est aboli. *Fin* subsiste sans conséquence pour *finer,* qui vient de lui, pendant que *cesse* et *cesser* règnent également. *Verd* ne fait plus *verdoyer;* ni *féte, fétoyer;* ni *larme, larmoyer;* ni *deuil, se douloir, se condouloir;* ni *joie, s'éjouir,* bien qu'il fasse toujours *se réjouir, se conjouir;* ainsi qu'*orgueil, s'enorgueillir.* On a dit *gent,* le corps *gent:* ce mot si facile non seulement est tombé, l'on voit même qu'il a entraîné *gentil* dans sa chute. On dit *diffamé,* qui dérive de *fâme,* qui ne s'entend plus. On dit *curieux,* dérivé de *cure,* qui est hors d'usage. Il y avait à gagner de dire *si que* pour *de sorte que* ou *de manière que; de moi,* au lieu de *pour moi* ou de *quant à moi;* de dire, *je sais que c'est qu'un mal,* plutôt que *je sais ce que c'est qu'un mal,* soit par l'analogie latine, soit par l'avantage qu'il y a souvent à avoir un mot de moins à placer dans l'oraison. L'usage a préféré *par conséquent* à par conséquence, et *en conséquence*

à *en conséquent; façons de faire* à *manières de faire,* et *manières d'agir* à *façons d'agir...* dans les verbes, *travailler* à *ouvrer, être accoutumé* à *souloir, convenir* à *duire, faire du bruit* à *bruire, injurier* à *vilainer, piquer* à *poindre, faire ressouvenir* à *ramentevoir...* et dans les noms, *pensées* à *pensers,* un si beau mot, et dont le vers se trouve si bien; *grandes actions* à *prouesses, louanges* à *loz, méchanceté* à *mauvaistié, porte* à *huis, navire* à *nef, armée* à *ost, monastère* à *monstier, prairies* à *prées...* tous mots qui pouvaient durer ensemble d'une égale beauté, et rendre une langue plus abondante. L'usage a, par l'addition, la suppression, le changement ou le dérangement de quelques lettres, fait *frelater* de *fralater, prouver* de *preuver, profit* de *proufit, froment* de *froument, profil* de *pourfil, provision* de *pourveoir, promener* de *pourmener,* et *promenade* de *pourmenade.* Le même usage fait, selon l'occasion, d'*habile,* d'*utile,* de *facile,* de

Qui pourrait rendre raison de la fortune de certains mots, et de la proscription de quelques autres ? *Ains* a péri : la voyelle qui le commence, et si propre pour l'élision, n'a pu le sauver ; il a cédé à un autre monosyllabe, et qui n'est au plus que son anagramme. *Certes* est beau dans sa vieillesse, et a encore de la force sur son déclin : la poésie le réclame, et notre langue doit beaucoup aux écrivains qui le disent en prose, et qui se commettent pour lui dans leurs ouvrages. *Maint* est un mot qu'on ne devait jamais abandonner, et

par la facilité qu'il y avait à le couler dans le style, et par son origine, qui est française. *Moult,* quoique latin, était dans sontemps d'un même mérite; et je ne vois pas par où *beaucoup* l'emporte sur lui. Quelle persécution le *car* n'a-t-il pas essuyée ! et s'il n'eût trouvé de la protection parmi les gens polis, n'était-il pas banni honteusement d'une langue à qui il a rendu de si longs services, sans qu'on sût quel mot lui substituer ? *Cil* a été dans ses beaux jours le plus joli mot de la langue française, et il est douloureux pour

les poètes qu'il ait vieilli. *Douloureux* ne vient pas plus naturellement de *douleur,* que de *chaleur* vient *chaleureux* ou *chaloureux;* celui-ci se passe, bien que ce fût une richesse pour la langue, et qu'il se dise fort juste où *chaud* ne s'emploie qu'improprement. *Valeur* devait nous conserver *valeureux; haine, haineux; peine, peineux; fruit, fructueux; pitié, piteux; joie, jovial; foi, féal; cour, courtois; gîte, gisant; haleine, halené; vanterie, vantard; mensonge, mensonger; coutume, coutumier;* comme *part*

maintient *partial; point, pointu* et *pointilleux; ton, tonnant; son, sonore; frein, effréné; front, effronté; ris, ridicule; loi, loyal; cœur, cordial; bien, bénin; mal, malicieux. Heur* se plaçait où *bonheur* ne saurait entrer ; il a fait *heureux,* qui est si français, et il a cessé de l'être : si quelques poètes s'en sont servis, c'est moins par choix que par la contrainte de la mesure. *Issue* prospère, et vient d'*issir,* qui est aboli. *Fin* subsiste sans conséquence pour *finer,* qui vient de lui, pendant que *cesse* et *cesser* règnent

Qui pourrait rendre raison de la fortune de certains mots, et de la proscription de quelques autres? *Ains* a péri : la voyelle qui le commence, et si propre pour l'élision, n'a pu le sauver; il a cédé à un autre monosyllabe, et qui n'est au plus que son anagramme. *Certes* est beau dans sa vieillesse, et a encore de la force sur son déclin : la poésie le réclame, et notre

langue doit beaucoup aux écrivains qui le disent en prose, et qui se commettent pour lui dans leurs ouvrages. *Maint* est un mot qu'on ne devait jamais abandonner, et par la facilité qu'il y avait à le couler dans le style, et par son origine, qui est française. *Moult*, quoique latin, était dans son temps d'un même mérite; et je ne vois pas par où *beaucoup* l'emporte sur lui.

Quelle persécution le *car* n'a-t-il pas essuyée! et s'il n'eût trouvé de la protection parmi les gens polis, n'était-il pas banni honteusement d'une langue à qui il a rendu de si longs services, sans qu'on sût quel mot lui substituer? *Cil* a été dans ses beaux jours le plus joli mot de la langue française, et il est douloureux pour les poètes qu'il ait vieilli. *Douloureux* ne vient pas

plus naturellement de *douleur,* que de *chaleur* vient *chaleureux* ou *chaloureux;* celui-ci se passe, bien que ce fût une richesse pour la langue, et qu'il se dise fort juste où *chaud* ne s'emploie qu'improprement. *Valeur* devait aussi nous conserver *valeureux ; haine, haineux; peine, peineux ; fruit, fructueux ; pitié, piteux ; joie, jovial; foi, féal; cour, courtois; gîte, gisant; haleine*

Qui pourrait rendre raison de la fortune de certains mots et de la proscription de quelques autres ? *Ains* a péri : la voyelle qui le commence, et si propre pour l'élision, n'a pu le sauver ; il a cédé à un autre monosyllabe, et qui n'est au plus que son anagramme. *Certes* est beau dans sa vieillesse, et a encore de la force sur son déclin : la poésie le réclame, et notre langue doit beaucoup aux écrivains qui le disent en prose, et qui se commettent pour lui dans leurs ouvrages. *Maint* est un mot qu'on ne devait jamais abandonner, et par la facilité qu'il y avait à le couler dans le style, et par son origine, qui est française. *Moult*, quoique latin, était dans son temps d'un même mérite ; et je ne vois pas par où *beaucoup* l'emporte sur lui. Quelle persécution le *car* n'a-t-il pas essuyée ! et s'il n'eût trouvé de la protection parmi les gens polis, n'était-il pas banni honteusement d'une langue à qui il a rendu de si longs services, sans qu'on sût quel mot lui substituer ? *Cil* a été dans ses

Gothique française

A touz ceſs q̃ ꝟerront ⁊ oꝛront ceſteſ ꝑeſenteſ letres..
Guillaume de ſaint meſmin cḣaſtelaiɳ de cḣartres.
ſaluz en ɲoſtre ſeigneur. Sacḣet touz que cõɲe ꝓtenz ou diſ
coꝛde ſuſt tourne entre meſtre ɲace de muret dune ꝑtie. et
ꝑierreſ de muret filᴣ dou dit ɲace dautre. ſeur ce. Ceſt
aſauoir q̃ le dit ꝑierre diſet et ꝓꝓoſet ǫtre le dit ɲace que icil
ꝑierre eſtet remeſ en la ꝛmuɲcaute dou dit meſtre ɲace. empꝛes
le deces de ſeu yſabel mere dou dit ꝑierre. jadiſ fame dou dit
meſtre ɲace o touz leſ bienſ meubleſ ⁊ nõ meubles leſq̃ls
eſtaient ꝟeɲuᴣ au deuãtdit ꝑierre de la ſucceſſion de la dite
yſabel ſa mere.cõɲe a celi qui onq̃s nauet eɳ ꝑtie ou lotie deſ
bienſ deuantdiᴣ ſi ꝛme il diſet. ⁊ pour ce le deuant dit ꝑierre
req̃ret dou dit meſtre ɲace ſon ꝑere la moitie de touz ſeſ bienſ
meubleſ ⁊ aq̃remenᴣ feᴣ dou dit meſtre ɲace ꝟiuant la dite
yſabel jadiſ ſa fame. ⁊ durant le mariage entre le dit meſtre
ɲace.⁊ la dite yſabel.⁊ emꝑs la moꝛt de la dite yſabel. ⁊ q̃il
li ſuſſet balliez renduᴣ ⁊ liureᴣ dou dit ɲace ꝑar leſ reſonſ de
ſus diteſ. Le dit meſtre ɲace diſant encontre ⁊ ꝓꝓoſant contre
le dit ꝑierre. q̃ celi ꝑierre deuãtdit rienſ nauet eſ bienſ deuant
diᴣ. Quer iceli ꝑierre deuãtdit auet quiteᴣ leſ deuãtdiᴣ bienſ au
dit ɲace ſon ꝑere. pour certaine ſome de deɲierſ. de laq̃le ſome
de deɲierſ deuãtdite.le dit ꝑierre ſe tint pleniereɲent pour paie
dou dit ɲace. Et pour la deuãtdite quitance. letreſ furet
feteſ eɳ la coꝛt laie ⁊ eɳ la coꝛt de creſtiente. Leſq̃les letres le
deuãt dit ꝑierre auet enꝟerſ ſoi. ouec autreſ bienſ dou dit ɲace.
ſi ꝛme le dit ɲace diſet. Leſq̃leſ cḣoſes touteſ le deuant dit
ꝑierre ɲcout.. A la parfiɳ par conſeil de boɲeſ ɠenᴣ. leſ diteſ
ꝑtieſ eɳ ɲoſtre preſence eſtablies. deuiſeret. ⁊ ꝑtiᴣ furet touᴣ
leur bienſ ꝛmunſ amiablement. en ceſte meɲɲiere.. Ceſt a
ſauoir q̃ le deuãt dit ꝑierre. par la diuiſion ⁊ par la partie
deuant diteſ out. ⁊ confeſſa ſoi auoir eu ⁊ receu ꝑour ſa partie

7

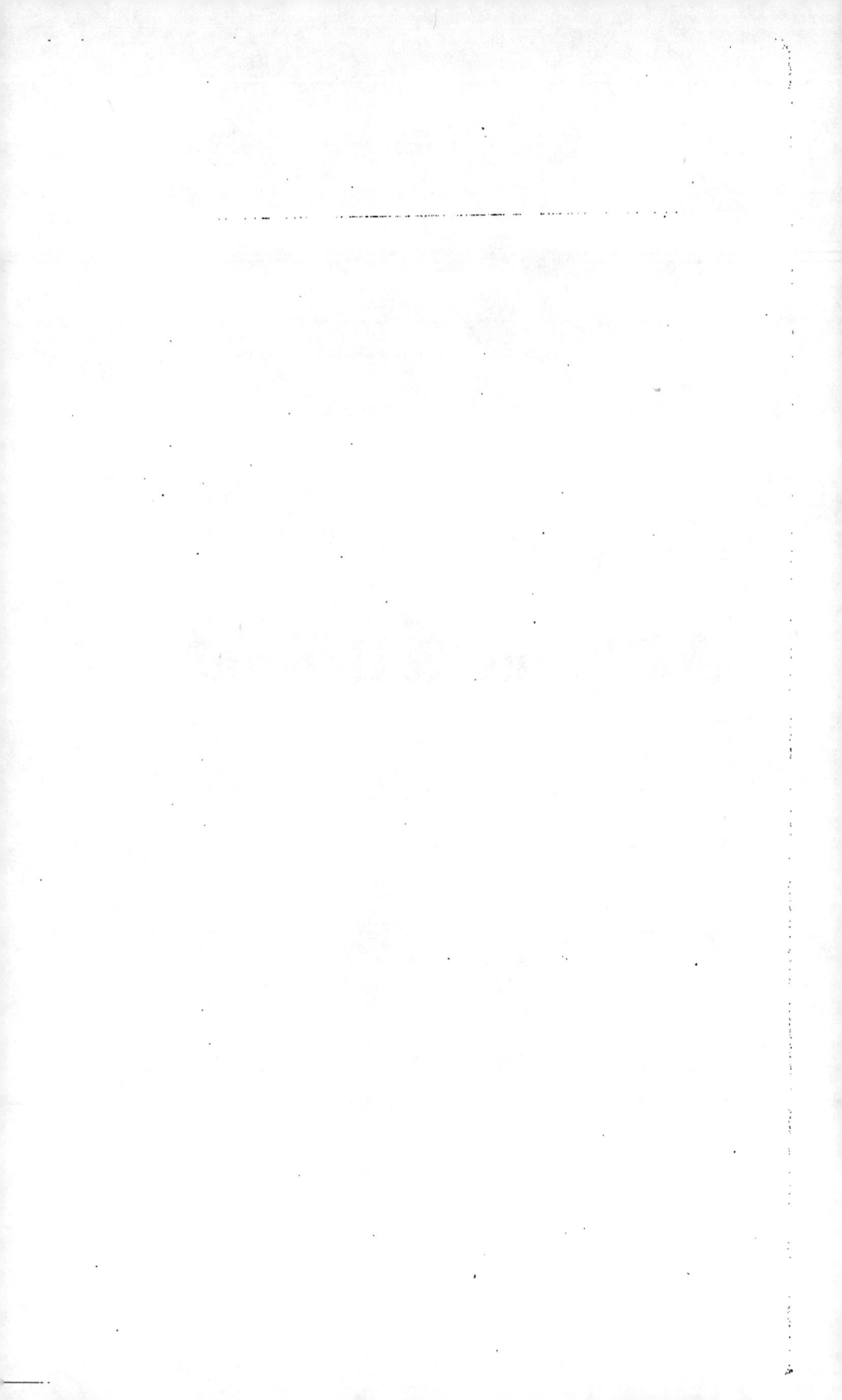

Gothique Allemande

SIX

Auf den oft besungenen Sudeten, hauset in friedlicher Eintracht neben Apollo und seinen neun Musen der berufene Berggeist, Rübezahl genannt der das Riesengebirge traun berühmter gemacht hat, als die schlesischen Dichter allzumal. Dieser Fürst der Gnomen besitzt zwar auf der Oberfläche der Erde nur ein kleines Gebiet, von wenig Meilen im Umfang, mit einer Kette von Bergen umschlossen, und theilt dies Eigenthum noch mit zwei mächtigen Monarchen. Aber wenige Lachter unter der urbaren Erdrinde hebt seine Alleinherrschaft an, und erstreckt sich auf achthundert sechzig

SEPT

Auf den oft besungenen Sudeten, hauset in friedlicher Eintracht neben Apollo und seinen neun Musen der berufene Berggeist, Rübezahl genannt, der das Riesengebirge traun berühmter gemacht hat, als die schlesischen Dichter allzumal. Dieser Fürst der Gnomen besitzt zwar auf der Oberfläche der Erde nur ein kleines Gebiet, von wenig Meilen im Umfang, mit einer Kette von Bergen umschlossen, und theilt dies Eigenthum noch mit zwei mächtigen Monarchen. Aber wenige Lachter unter der urbaren Erdrinde hebt seine Alleinherrschaft an, und erstreckt sich auf achthundert sechzig Meilen in die Tiefe,

HUIT

Auf den oft besungenen Sudeten, hauset in friedlicher Eintracht neben Apollo und seinen neun Musen der berufene Berggeist, Rübezahl genannt, der das Riesengebirge traun berühmter gemacht hat, als die schlesischen Dichter allzumal. Dieser Fürst der Gnomen besitzt zwar auf der Oberfläche der Erde nur ein kleines Gebiet, von wenig Meilen im Umfang, mit einer Kette von Bergen umschlossen, und theilt dies Eigenthum noch mit zwei

NEUF

Auf den oft besungenen Sudeten, hauset in friedlicher Eintracht neben Apollo und seinen neun Musen der berufene Berggeist, Rübezahl genannt, der das Riesengebirge traun berühmter gemacht hat, als die schlesischen Dichter allzumal. Dieser Fürst der Gnomen besitzt zwar auf der Oberfläche der Erde nur ein kleines Gebiet, von wenig Meilen im Umfang, mit einer Kette von Bergen umschlossen, und theilt dies

HUIT (gras)

Auf den oft besungenen Sudeten, hauset in friedlicher Eintracht neben Apollo und seinen neun Musen der berufene Berggeist, Rübezahl genannt, der das Riesengebirge traun berühmter gemacht hat, als die schlesischen Dichter allzumal. Dieser Fürst der Gnomen besitzt zwar auf der Oberfläche der Erde nun ein kleines Gebiet, von wenig Meilen im Umfang, mit einer Kette von Bergen ums=

GREC

SEPT

Τὴν ἀξιολογωτάτην καὶ πάντα ἀρίστην Αὐρ. Λείτην Θεοδότου γυναῖκα δὲ τοῦ πρώτου τῆς πόλεως Μ. ᾿Αὐρ. Φαύστου, ἀρχιερέως ἐκ προγόνων διὰ βίου τῶν Σεββ. καὶ Καισάρων καὶ Καβάρνου, καὶ γυμνασιάρχου τὴν γυμνασίαρχον, ἐν ᾧ κατεσκεύασεν καὶ ἀνενεώσατο ἀπὸ πολυετοῦς χρόνου πεπονηκότι γυμνασίῳ. ἡ λαμπροτάτη

HUIT

Τὴν ἀξιολογωτάτην καὶ πάντα ἀρίστην Αὐρ. Λείτηη Θεοδότου, γυναῖκα δὲ τοῦ πρώτου τῆς πόλεως Μ. ᾿Αὐρ. Φαύστου, ἀρχιερέως ἐκ προγόνων διὰ βίου τῶν Σεββ. καὶ Καισάρων καὶ Καβάρνου, καὶ γυμνασιάρχου τὴν γυμνασίαρχον, ἐ ᾧ κατεσκεύασεν καὶ ἀνενεώσατο ἀπὸ πολυετοῦς χρόνου πεπονηκότι

NEUF

Τὴν ἀξιολογωτάτην καὶ πάντα ἀρίστην Αὐρ. Λείτην Θεοδότου, γυναῖκα δὲ τοῦ πρώτου τῆς πόλεως Μ. ᾿Αὐρ. Φαύστου, ἀρχιερέως ἐκ προγόνων διὰ βίου τῶν Σεββ. καὶ Καισάρων καὶ Καβάρνου, καὶ γυμνασιάρχου τὴν γυμνασίαρχον, ἐν ᾧ κατεσκεύασεν καὶ ἀνενεώσατο ἀπὸ πολυετοῦς χρόνου πε-

DIX

Τὴν ἀξιολογωτάτην καὶ πάντα ἀρίστην Αυρ. Λείτην Θεοδότου. γυναῖκα δὲ τοῦ πρώτου τῆς πόλεως Μ. ᾿Αυρ. Φαύστου, ἀρχιερέως ἐκ προγόνων διὰ βίου τῶν Σεββ. καὶ Καισάρων καὶ Καβάρνου, καὶ γυμνασιάρχου τὴν γυμνασίαρχον, ἐν ᾧ κατεσκεύασεν καὶ ἀνενεώσατο

ONZE

Τὴν ἀξιολογωτάτην καὶ πάντα ἀρίστην Αὐρ. Λείτην Θεοδότου, γυναῖκα δὲ τοῦ πρώτου τῆς πόλεως Μ. ᾿Αὐρ. Φαύστου, ἀρχιερέως ἐκ προγόνων διὰ βίου τῶν Σεββ. καὶ Καισάρων καὶ Καβάρνου, καὶ γυμνασιάρχου τὴν γυμνασίαρχον, ἐν ᾧ κατεσκεύασεν κσί

QUATORZE

Τὴν ἀξιολογωτάτην καὶ πάντα ἀρίστην Αὐρ. Λείτην Θεοδότου, γυναῖκα δὲ τοῦ πρώτου τῆς πόλεως Μ. ᾿Αὐρ. Φαύστου, ἀρχιερέως ἐκ προγόνων διὰ βίου τῶν Σεββ. καὶ Καισάρων καὶ

HÉBREU

HÉBREU

HUIT

הוי, מגמת פניה היתה מועדת, להשכסי בבקר יום הש"ק
וללכת אל בית האלקים, להודות לו על חסריוו ביד ה' אשר
מחצם, רק בידו לרפא את שברם! ורק ביד

HUIT

(Avec points voyelles)

וְעַל־צָרֵיהֶם אָשִׁיב יָדִי : מְשַׂנְאֵי יְהֹוָה יְכַחֲשׁוּ־לוֹ וִיהִי עִתָּם
לְעוֹלָם : וַיַּאֲכִילֵהוּ מֵחֵלֶב חִטָּה וּמִצּוּר דְּבַשׁ אַשְׂבִּיעֶךָ :

NEUF

איל מיזור קאראקטיר די לא איסטאמפאריא
אי ליבריריא זואוסרת אי סינו

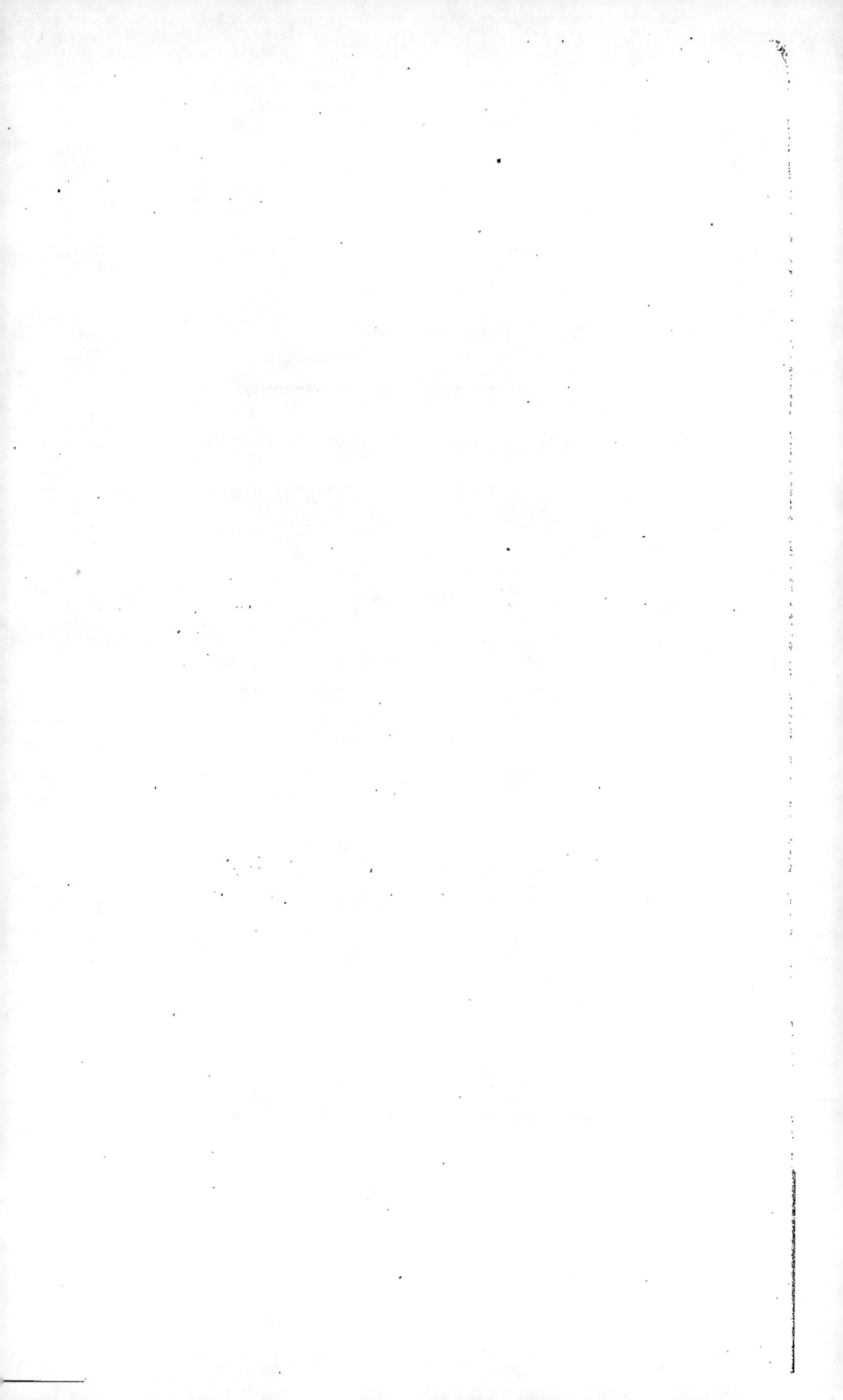

NEUF

(Avec points voyelles)

עִבְדוּ אֶת־יְהוָֹה בְּשִׂמְחָה בֹּאוּ לְפָנָיו בִּרְנָנָה ׃

דְּעוּ כִּי יְהוָֹה הוּא אֱלֹהִים הוּא עָשָׂנוּ וְלֹא ׀ אֲנַחְנוּ עַמּוֹ

וְצֹאן מַרְעִיתוֹ ׃

NEUF (RABBINIQUE)

אך יהיה אלהי ישראל יברך וירומם ויגאל למעלה

את בני נאראן ראטשילד חיקריס, ההולכים על שלם הטוטות

DIX

* ספר חובות הלבבות לרבינו בחיי הספרדי

מסכת שבת דף ל״ ע״ב ׳ רמבם הלכות יסודי התורה פרק ז״ הלכה ר״

׳ ספר בחינת עולם, פרק ח״

DIX

(Avec points voyelles)

סִחְלָיִיקְרֵיקָסֹחְדְתְחֹזְגְרְנָסַרְנָסַרְנְוֹתְרְנָנֶסְרְסִיסִרְסְרְסִיסִיסְרְסְרְסֶןזַעְרֶסֶןזְרֵיסֵירֶסֵןזַעְרֶעְרִיסַרְעֶסָעְרֶעְרִיֹתְרָעָהֵרַעֹ

תְרֵעַעְרִימַסְרֵעֶחֵהוּאִישׁ אֶל הֵעֶחֹורֹועַרְעֲיֹעְבַחְתָּ עֲבְרְעָבָרְעֶבְרְעֶבִיסְרַעֲבָהֹרְיֹעֲבֹוֹתְרָעָבוֹןְרַעֲבוֹן

DIX

ו ת ת א צ ת א ץ ם ד פ ס ל ח ל א

ל ‏:ז:דה ׳יוווווווווווווי ׀קׁפׁ׀וווווווווווי ׀ווׁקׁפׁוׁפׁ׀ח וווווווווווא

׳סססםמד מא יא אא אד אם ם ם דד מ מ מא אד דד ־דדא

ONZE

איל דייו קריאו איל טונדו אין סיטי דייאס
טרינטה דייאס איז און מיז

SEIZE

מצא אשה מצא טוב ויפרק צוה
עץ החיים מיׄך יתך יׄ את האש

DIX-NEUF

שמע ישראל יי אילהינו
יי אחד

8

www.ingramcontent.com/pod-product-compliance
Lightning Source LLC
Chambersburg PA
CBHW071819090426
42737CB00012B/2136